THE
MIND MAP

思维导图
提升你的职场核心竞争力

陈国钦/著   孙易新/顾问

北京时代华文书局

| 顾问序 |
创造高绩效的实践

每天忙到几乎爆肝，还被主管盯得满头包！
为什么有人每天泡茶、喝咖啡、打高尔夫球，却可以坐拥高薪，年年升迁？
我的问题在哪里？他们的成功秘诀是什么？

2001年夏天，时任HP产品经理的国钦，带着困惑来到我的办公室寻求协助，希望我能提供实用的解决方案。而在我们稍微聊过之后，国钦立刻报名参加思维导图法培训课程。

道理很简单，我只说明了思维导图法的几个核心概念：关键词思考法、分析与归纳的金字塔结构、扩散与收敛的相互应用。至于图像与色彩，虽然也是思维导图法的核心关键，但我当场提都不提。

为什么呢？因为满足客户需求、解决客户的问题才是重点，而不是把你所有的东西全都丢给客户，这才符合思维导图思考法强调的"Map of Your Mind"。

课程结束之后，国钦将课堂上所学应用到工作职场，不仅大幅提升工作绩效，还晋升为HP的资深副总经理。为了让部门同仁以及经销商的成员也能善用思维导图法，国钦还来接受我们公司的师资培训，以便指导他的团队成员正确使用思维导图法。

后来国钦在许多演讲的场合都提到，在他任职HP期间，每年能够顺利达成近百亿业绩，就是因为思维导图法是大家共同的思考模式，以最有效率、充满创意，又兼具周延思考的模式，构思工作上的每一个环节。

最近国钦由外企高级主管转换跑道，转任浩域企业管理顾问股份有限公司专职顾问讲师。我与他聊到，知识必须分享才有价值，知识的扩散也是我们生命延续的一种形式，鼓励他将职场上应用思维导图法成功的实践方法撰写成书，分享给更多有缘人。

在此，也非常感谢商周出版社的鼎力相挺，让本书能顺利付梓，谢谢！

孙易新
2015 年 7 月
www.MindMapping.com.tw

| 作者序 |
内化五力，职场人生大不同

高度运用思维导图法的结果，是我的思考力迅速提升，并间接打通企划力、销售力、沟通力、领导力，累积许多职场相关流程模块。
我将这些经验称之为"职场五力成功方程式"，分享给职场工作者，期许大家一起朝向 work smart、work happy 的目标迈进。

2000 年，我担任外企产品经理一职，必须一个人负责全产品线的总体业绩、营运策略、市场营销、品牌定位、订定价格、渠道开发及相关促销，需要强大的职场能力来运转这些庞大复杂的工作。

当时我运用传统工作思考模式，很认命、努力地去消化每一件事，不但弄得自己身心疲累，且效果不佳。后来一次偶然的机会，我接触到思维导图法，思维在一夕之间蜕变，工作展现及升迁机会也随之而来。

传统工作模式之缺点	思维导图法模式之优点
思绪杂乱，不知所措，无效思考	化繁为简，掌握本质，流畅思考
缺乏整合，没有流程，无法计划	整合架构，流程分明，全面计划
不具条理，没有逻辑，无法沟通	条理分明，易懂易记，有效沟通
不明程序，没有步骤，无法执行	程序清楚，易于跟随，顺利执行

我从经验中发现到：思维导图法最大的优点是为克服传统工作模式缺点而生。也因为思维导图法的高度运用，思考力迅速提升，并如同撞球理论般间接打通了企划力、销售力、沟通力、领导力。就像金庸小说《倚天屠龙记》中的张无忌学会了九阳神功，功力大增，体内寒毒竟不治而愈，且因打通任督二脉，学乾坤大挪移只花了三个时辰，而张三丰的太极拳也能在瞬间内化……

多年来，透过思维导图法的内化及高度运用，使我累积了许多职场相关的流程模块，这些模块大致可分为五大类——思考、企划、销售、沟通、领导，我将这样的经验称之为"职场五力成功方程式"。取名方程式，意思是有效的、成功的、可重复运用的套路，而其运用效果已从我本身及听过我课程的学员身上获得印证。

记得当年在与恩师 HP 黄士修总经理讨论产品企划时，他常幽默地对我说："King，如果我们没写过书，最好的方式就是参照书上的理论，不要自己发明。当然我期待有一天能看到你写的书。"如今，我从外企管理阶层转战顾问讲师，第一件事就是把自己的职场学习及经验汇集出版，而且书名还是黄总经理给我的建议，算是感念他的知遇之恩。

盼望大家读完这本简单易学的高效工具书之后，都能够纵横职场，无往不利，进而得到美丽富足的人生。

陈国钦

2015 年 7 月

目 录

- 顾问序｜创造高绩效的实践　孙易新　　1
- 作者序｜内化五力，职场人生大不同　陈国钦　　3
- 本书特色与架构　　4

Chapter.1 思考力（思维导图法：Mind Mapping）…… 001

思考力是人类最基本的能力，思维导图法是大脑使用说明书、职场九阳神功，学会了思维导图法，就等于学会了处世及从业的所有的能力。

[理解] 思维导图法四大操作核心　006

[体验] 思维导图法之职场十大应用　015

应用①即兴发言／应用②记者访谈／应用③读书摘要

应用④成长计划／应用⑤促销活动／应用⑥创意Slogan

应用⑦制胜销售／应用⑧简报沟通／应用⑨会议引导／应用⑩梦想板

Chapter.2 企划力（IMP整合营销流程）………… 043

企划力是职场进阶核心竞争力之一。学会IMP整合营销流程，可以有效提升企划能力，掌握"不可被取代"的竞争优势和升职之钥！

[理解－整合营销流程①] 目的确认（Goal）　050

[理解－整合营销流程②] 现况分析（Situation）　065

[理解－整合营销流程③] 方针拟定（Policy）　067

[理解－整合营销流程④] 目标设定（Objective）　069

[理解－整合营销流程⑤] 障碍因应（Barrier）　073

[理解－整合营销流程⑥]策略规划（Strategy） 074

[理解－整合营销流程⑦]执行计划（Tactics） 085

[体验]企划实务范例—A牌数字复合机成长企划书 098

Chapter.3 销售力（WSP 制胜销售流程） 111

销售力是职场生存的基础核心竞争力，学会 WSP 销售流程，懂得思考"能不能赢，值不值得赢，知道怎么赢"，是销售人员的第一课！

[理解－制胜销售流程①]机会分析（Opportunity） 118

[理解－制胜销售流程②]人脉分析（Political） 121

[理解－制胜销售流程③]需求分析（Decision） 124

[理解－制胜销售流程④]竞争比较（Competitor） 127

[理解－制胜销售流程⑤]策略拟定（G.O.S.A.） 129

[理解－制胜销售流程⑥]关键掌握（K.S.F.） 135

[体验]销售实务范例—XX 银行征授信项目 136

Chapter.4 沟通力（沟通 3S 法则） 143

沟通力是职场五力中最有趣的一种能力，学会沟通 3S 法则，可以让你从很爱说话提升到很会说话，迅速有效地达成说服目的。

[理解－沟通 3S 法则①]Story（故事力） 150

[理解－沟通 3S 法则②]Sense（设计力） 154

[理解－沟通 3S 法则③]Show（说服力） 160

[体验]沟通实务范例—A牌原厂墨盒说服简报 173

Chapter.5 领导力（领导四大支柱）·························· 177

领导力是职场的高级核心竞争力，学会领导四大支柱，经历过管理阶层的历练，整个职场生涯才算是真正的完整。

[理解－领导四大支柱①] 计划（Planning） 184

[理解－领导四大支柱②] 组织（Organization） 187

[理解－领导四大支柱③] 领导（Leading） 194

[理解－领导四大支柱④] 控制（Control） 202

[体验] 领导实务范例—A公司领导计划 207

本书特色与架构

目前有关职场五力的相关知识，只要在网络上搜寻，即可轻易取得。而什么样的书可以让读者看过后，有所收获且久久不忘？当我在思索这个问题时，想起高中时代为了学习吉他，买了很多吉他乐理的书（那个年代没有网络），厚厚几本，乍看十分饱满，但是再怎么知识浩瀚，若是不得其门而入，也是无用。

有一天，无意间翻到一本民谣小书，里面只有几个简单的音阶图示、和弦概念，却让我在瞬间体会到音乐的原理，后来吉他也就无师自通。这个深刻的体验，对我日后学习有很大的启发，传达的重点不在你说了多少，而是对方理解多少、记住多少，哪怕是几个很简单的重点，只要对方内化而永远不忘，就值得了。

这本书汇整了我多年的工作经验，其实就等于是一个工作回忆录，因为我有做知识管理的习惯，就索性野人献曝，拿出来跟读者分享，内容也许未达维基标准，也许没有学者们的知识丰富，但都是我工作多年的鲜活体验，相信对想突破工作现状的读者应该会有所帮助。

另外，书中有时会引用到一些我工作上的相关例子，为了保护前公司的商业机密，举例重点在于架构的引导，信息内容只是假设，并非真实，在此先行声明。

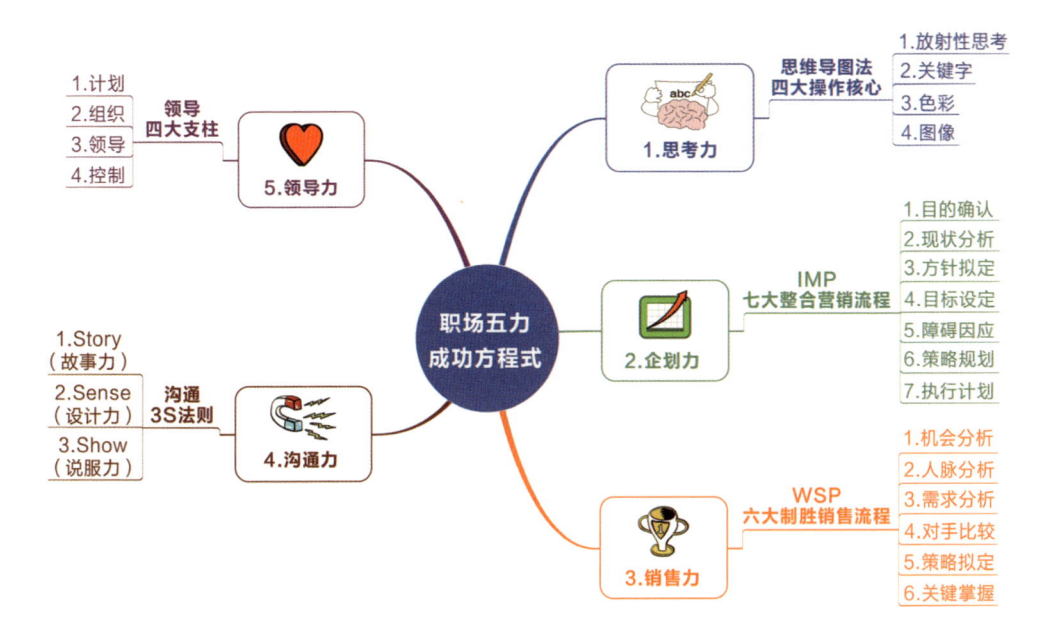

上面这张思维导图为职场五力的基础架构，本书除了提供工作实例参考，最大特色是每一力都由思考黄金圈（Why、What、How）来启动，之后再针对What部分作深度解说，以帮助读者速记、理解及应用。

内化职场五力，掌握成功之钥。相信在读完本书之后，各位一定会得到很大的蜕变。

黄金圈基本结构

Why　心法：寻找动机，享受追寻。
What　理法：深入理解，探究原由。
How　技法：强化体验，感知内化。

准备好启动成功方程式了吗？*GO!*

Chapter. 1
思考力

思维导图法

Mind Mapping

思考力是人类最基本的能力，思维导图法是大脑使用说明书、职场九阳神功，学会了思维导图法，就等于学会了处世及从业所有的能力。

思考力是人类最基本的能力，在本书中所强调的职场五力——思考力、企划力、销售力、沟通力、领导力，思考力可以说是第一课。

有了好的思考力，才能有进一步的职场核心竞争力。而什么又是思考力的最佳工具呢？答案就是本书的主要思维架构——思维导图法。**思维导图法在生活上可以说是大脑使用说明书，在职场上则是职场九阳神功，学会了思维导图法，就等于学会处世及职场所有的能力。**

还记得 15 年前，我担任外企产品经理，常日以继夜地工作，我问自己，这是我要的生活吗？然后上网搜寻"潜能"二字，直接映入眼帘的便是"Mind Mapping 思维导图法"，发现原来我的偶像达·芬奇的思考运作模式，就是思维导图法的思考模式。于是，我毫不考虑地登门拜访孙易新老师，一路修完基础班与讲师班的课程。

自从学了思维导图法以后，我可以在 2 小时内写出一份企划书，并且结构化的涵盖所有营销目标、重点策略及执行方案；面对媒体，表现灵活自信，句句切中重点，达到市场沟通的成效；而管理成堆的电子邮件，也从以前的盲目随读，变成迅速分类、重点阅读及有效回信；参与会议，亦能主动提出有效的会议方式，产生该有的效能，迅速达成共识，提供精简易读的会议记录。

有一次公关组突然告知，《数字时代》要来采访我有关 5 年级学生的穿着品味与理念，我竟然只花 10 分钟就把想法用思维导图完整地表达了出来。还有一次临时授命主导尾牙表演活动，刚接到任务时非常惶恐，毕竟这可不比大学时代，有筹备小组的集思广益及全体表演人员多次的彩排练习，我必须自己编写剧本，而且只有 2 小时作表演介绍及简单的彩排练习。于是我运用思维导图法，在 26 分钟内完成一个 20 人一起表演的歌舞剧，内容创新，极具舞台张力。

令我满足的并非尾牙当晚得奖的喜悦，而是我居然能在如此短的时间，产生如此惊人的潜能，成功将思维导图法导入生活，全面改变自己的思考模式与生活态度。我第一次体会什么叫"有如神助",从灵修者角度,那畅快的感觉就像是接通了高我及指导灵。

后来我升上副总经理,同时带领产品、渠道及企业团队,本以为会很累,当运用了思维导图法之后,不但不累,反而比当产品经理时更胜任愉快,原因是站在制高点上,更能与思维导图法的视野高度作完美结合。

关于思考力的学派众多,说法也很多元,从我的角度,我只推荐一个,就是思维导图法。因为有了它,就等于学会了所有的神功。

※ 参考数据源:《思维导图法理论与应用》孙易新 / 著(商周出版)

思考力黄金圈

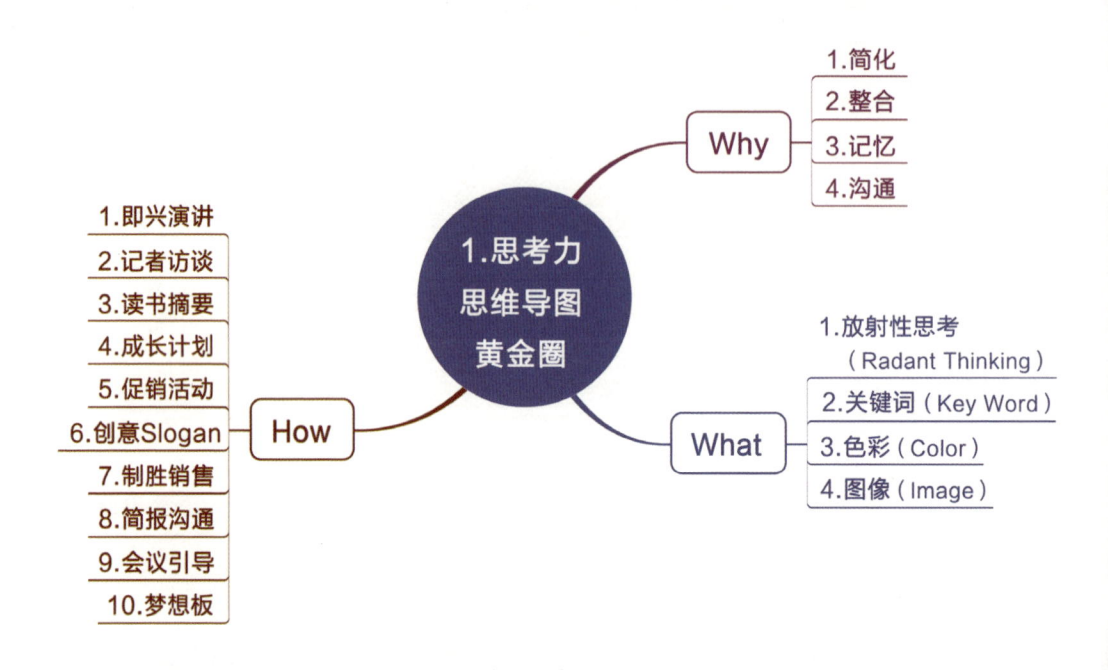

```
                                        1. 简化
                                        2. 整合
                                  Why   3. 记忆
                                        4. 沟通
   1. 即兴演讲
   2. 记者访谈
   3. 读书摘要        1. 思考力
   4. 成长计划        思维导图
   5. 促销活动        黄金圈                1. 放射性思考
   6. 创意Slogan  How                     （Radant Thinking）
   7. 制胜销售                      What  2. 关键词（Key Word）
   8. 简报沟通                            3. 色彩（Color）
   9. 会议引导                            4. 图像（Image）
   10. 梦想板
```

Why（动机）

1. 简化：化繁为简，直接用关键词。

2. 整合：找出关键词后，下一个动作就是架构层次，通盘整合。

3. 记忆：思维导图法能把短期记忆变成长期记忆。

4. 沟通：简化关键词，整合架构，长期记忆，自然能高效沟通。

What（理解）

以思维导图法四大操作核心为主，详述于后。

How（体验）

挑选10个在职场上常常会用到的例子，希望能帮助读者迅速进入思维导图法的殿堂，感受一下思维导图法的威力。

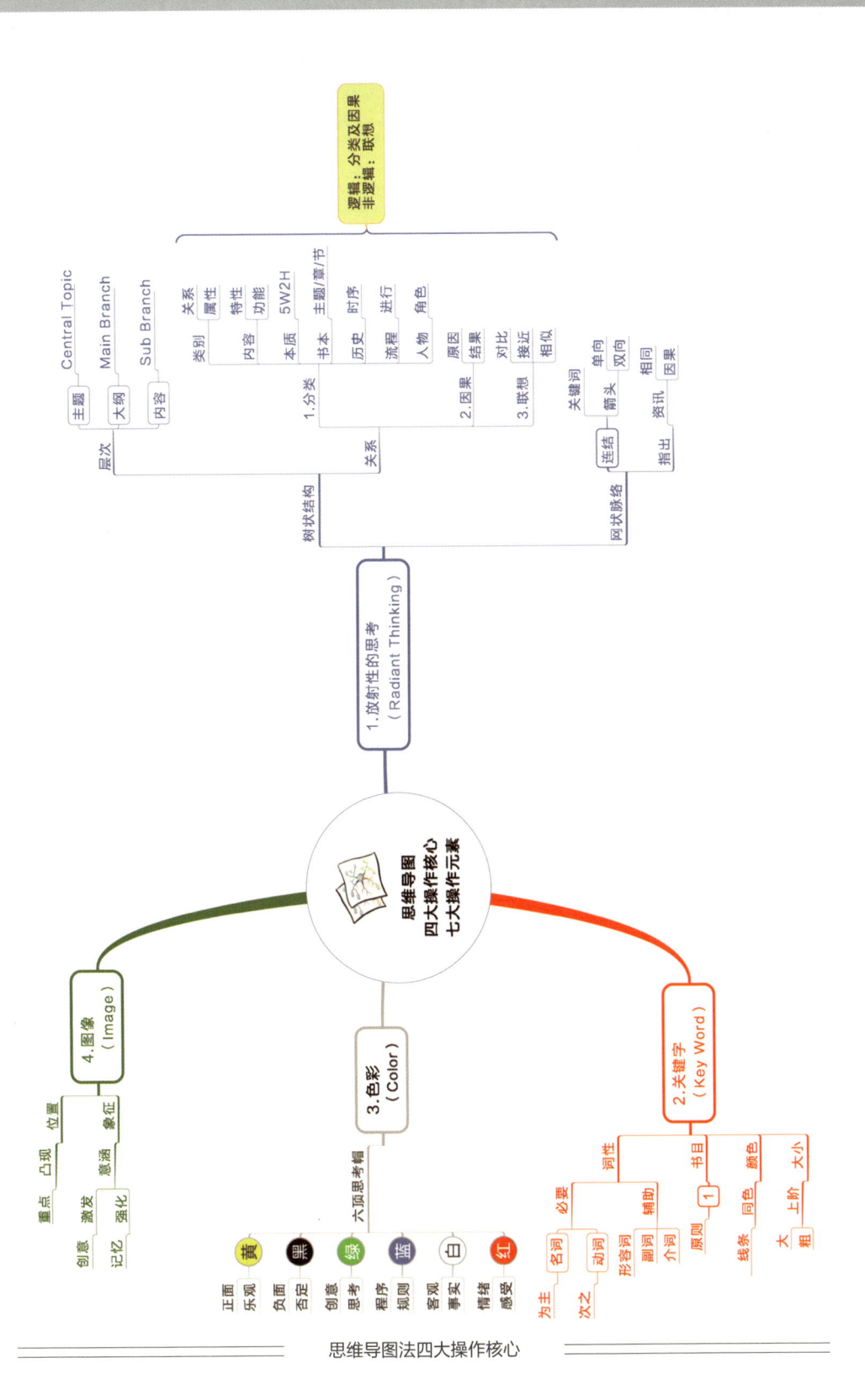

思维导图法四大操作核心

1. 放射性的思考 (Radiant Thinking)

层次（树状结构）
- Central Topic — 主题
- Main Branch — 大纲
- Sub Branch — 内容

关系（树状结构）
- **1. 分类**
  - 类别：关系、属性
  - 内容：特性、功能
  - 本质：5W2H
  - 书本：主题/章/节
  - 历史：时序
  - 流程：进行
  - 人物：角色
- **2. 因果**
  - 原因
  - 结果
- **3. 联想**
  - 对比
  - 接近
  - 相似

网状脉络
- 关键词
- 箭头：单向、双向
- 资讯：相同、因果
- 连结
- 指出

逻辑：分类及因果
非逻辑：联想

2. 关键字 (Key Word)

- 词性
  - 必要：名词（为主）、动词（次之）
  - 辅助：形容词、副词、介词
- 书目
  - 原则：1
  - 颜色：同色
  - 线条：大、粗
  - 大小：上阶

3. 色彩 (Color)

六顶思考帽
- 黄：正面、乐观
- 黑：负面、否定
- 绿：创意、思考
- 蓝：程序、规则
- 白：客观、事实
- 红：情绪、感受

4. 图像 (Image)

- 位置：重点、凸显
- 象征：激发、意涵
- 创意、记忆、强化

What- 理解　思维导图法四大操作核心

思维导图法的四大操作核心概念是：1. 放射性思考（Radiant Thinking）、2. 关键词（Key Word）、3. 色彩（Color）、4. 图像（Image）。

其中放射性思考可分为主题、大纲、内容及连结，所以四大操作核心可演变成七大操作元素，依次为：1. 主题（Central Topic），2. 大纲（Main Branch），3. 内容（Sub Branch），4. 连结（Link），5. 关键词（Key Word），6. 色彩（Color），7. 图像（Image）。

一、放射性思考

思维导图的整体性是透过"树状结构"与"网状脉络"所构成。

1. 树状结构

层次分为主题（Central Topic）、大纲（Main Branch）及内容（Sub Branch）三个操作元素。而其阶层的上下关系，大致可区分为下列三类，其中分类关系及因果关系属于逻辑关系，一般用于归纳、统合；联想关系属于非逻辑关系，用于发想及创意。

① 分类关系

最上位阶代表最大类的概念，次位阶是中类，以此类推，最后一阶是具体事物名称或描述。

一般分类关系有：

- 类别：以事物之间的关系或属性分类
- 内容：以事物特性或功能分类
- 本质：以5W2H分类
- 书本：以主题、章、节分类

- 历史：以发生时序分类
- 流程：以事物进行分类
- 人物：以人物角色分类

以下各举一个简单架构提供参考。

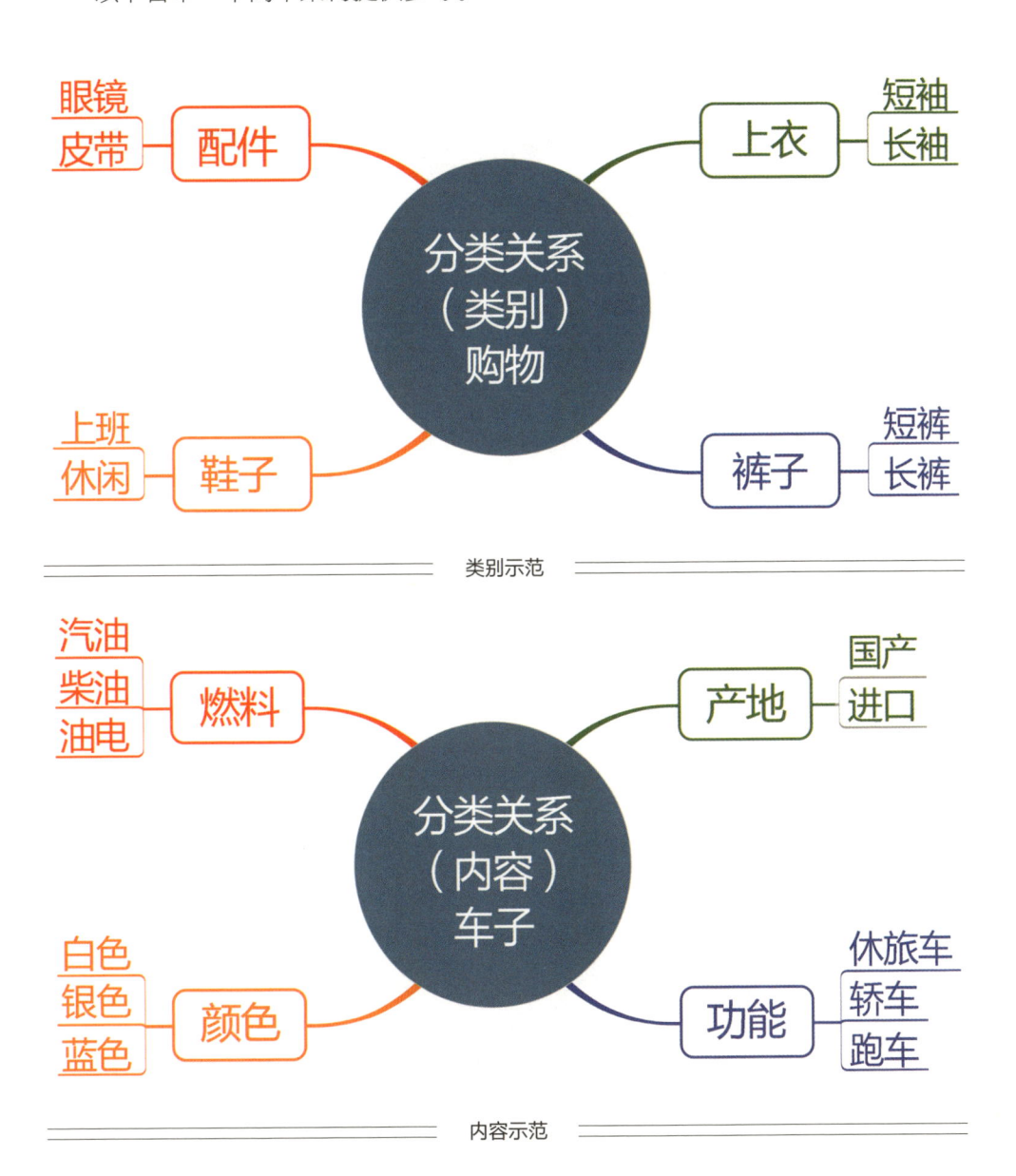

```
         眼镜                              短袖
         皮带 — 配件                  上衣 — 长袖
                    \              /
                     分类关系
                    （类别）
                     购物
                    /              \
         上班                              短裤
         休闲 — 鞋子                  裤子 — 长裤
```

———— 类别示范 ————

```
         汽油                              国产
         柴油 — 燃料                  产地 — 进口
         油电        \              /
                     分类关系
                    （内容）
                     车子
                    /              \
         白色                              休旅车
         银色 — 颜色                  功能 — 轿车
         蓝色                              跑车
```

———— 内容示范 ————

本质示范

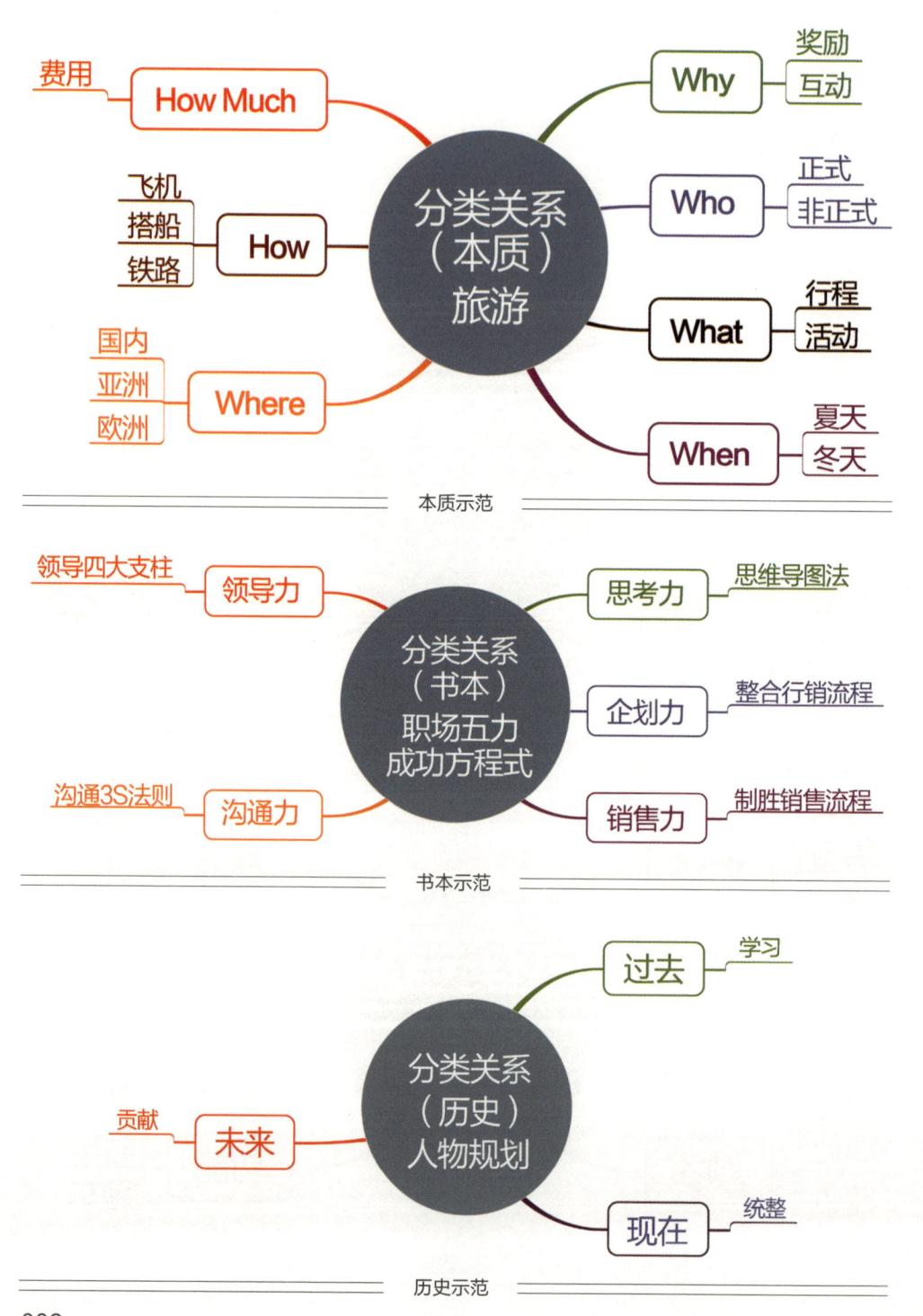

- 分类关系（本质）旅游
  - How Much — 费用
  - How — 飞机、搭船、铁路
  - Where — 国内、亚洲、欧洲
  - Why — 奖励、互动
  - Who — 正式、非正式
  - What — 行程、活动
  - When — 夏天、冬天

书本示范

- 分类关系（书本）职场五力成功方程式
  - 领导力 — 领导四大支柱
  - 沟通力 — 沟通3S法则
  - 思考力 — 思维导图法
  - 企划力 — 整合行销流程
  - 销售力 — 制胜销售流程

历史示范

- 分类关系（历史）人物规划
  - 过去 — 学习
  - 未来 — 贡献
  - 现在 — 统整

008

流程示范

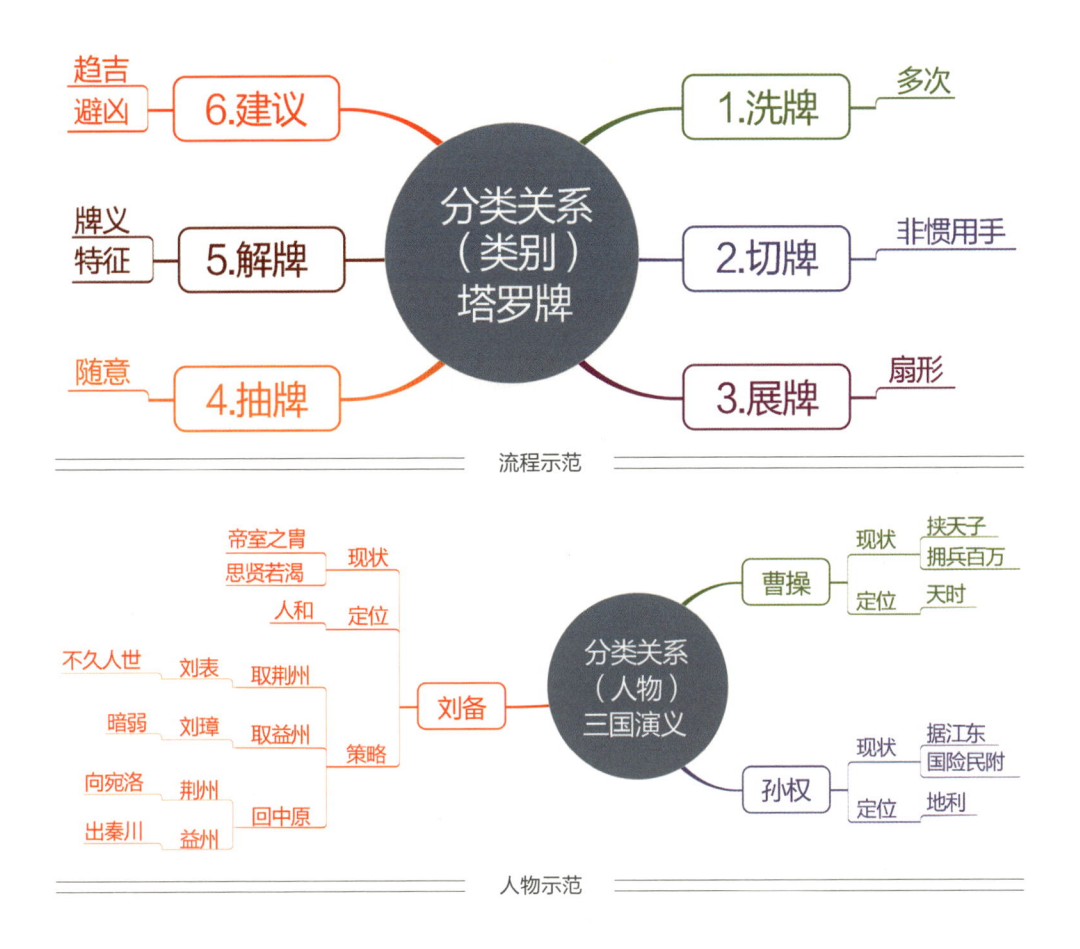

人物示范

① 因果关系

以树状结构来展现原因与结果的关系。

例如应用在问题分析时,最上位阶代表问题的本质或表征,往下各个位阶是造成该问题的原因、所衍生广度与深度的问题或影响;问题解决时,最上位阶是造成问题的原因或因素,下一阶是各种可能的解决方案,再下一阶则是该方案的各种具体作法等。

因果关系的结构中,在原因、结果的层面亦会包含有分类关系的存在。举例如下:

因果关系

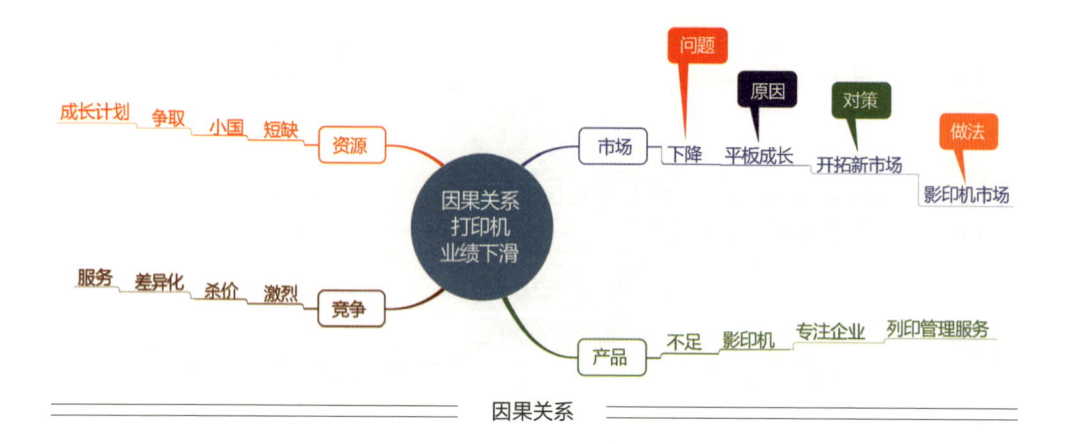

① 因果关系

希腊哲学家亚里士多德将联想分为对比（想到男人就想到女人、想到白天就想到夜晚）、接近（想到树木就想到花草、想到高山就想到河流）与相似（想到篮球就想到地球、想到竹筷就想到竹竿）三种。因此，思维导图树状结构最上位阶代表原始或抽象的主题，往次位阶的各个阶层是经由上述各种联想所展开的思维脉络。

▲联想关系

2. 网状脉络

就是所谓的连结。在不同的节点关键词之间有关联性的话，以单箭头或双箭头线条指出彼此之间的连结关系，亦可在线条上以文字说明两者之间的关联性。

连结在职场的思维导图法应用时，扮演着极为重要的角色。因为一般职场的计划都会比较复杂，不同树状之间所产生的脉络连结就会相对频繁。

以下就连结作简单举例：

在刘备、曹操及孙权之间画上一个连结线，代表他们之间的操作关系。

010

人物示范连结

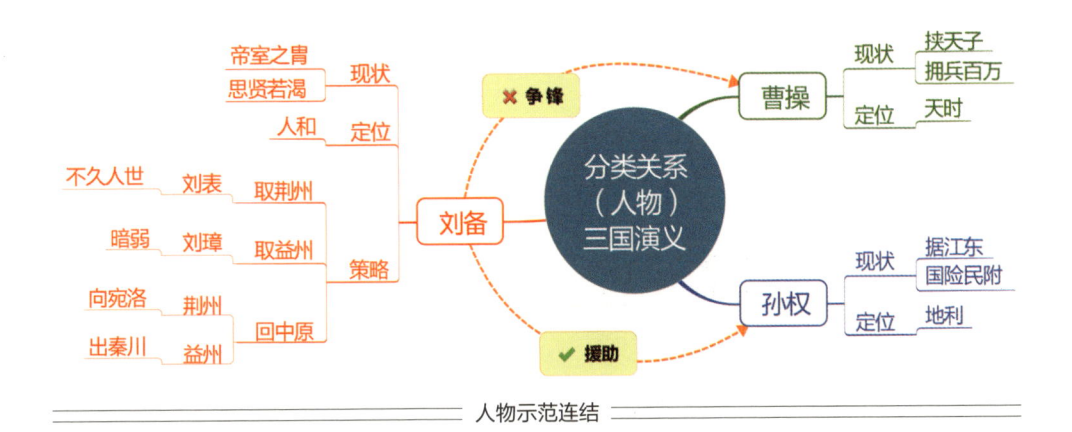

思维导图法的放射性思考，阶层结构包括水平思考与垂直思考，称之为 Brain Bloom（思绪绽放）与 Brain Flow（思绪飞扬），我们也可称为广度思考与深度思考。读者要常常训练自己 Brain Bloom 及 Brain Flow 的能力，这样才能迅速地架构出思维导图法。

① Brain Bloom

又称为"水平思考"或"扩散思考"，好比电路原理中的"并联"，它的功能在于扩充思考的广度，能增进创造力。次页的思维导图范例。中央主题是"快乐"，围绕在四周的六个第一阶想法都是由"快乐"所产生的 Brain Bloom 联想。

② Brain Flow

又称为"垂直思考"或"直线思考"，好比电路原理中的"串联"，它的功能在于增进思考的深度，能强化问题的分析及推演。图中从中央主题的"快乐"会联想到"金钱"，"金钱"会想到"工作"，"工作"会想到"痛苦"，"痛苦"会想到"成功"，"成功"会想到"名车"，"名车"会想到"保时捷"。这个"快乐－金钱－工作－痛苦－成功－名车－保时捷"就产生出一个 Brain Flow 路径。

思维导图法中的阶层结构是由 Brain Bloom 与 Brain Flow 交织而成。我们可以从中央主题或任意一个支干线条（branch）来进行 Brain Bloom 或 Brain Flow 的联想。

Brain Broom&Flow

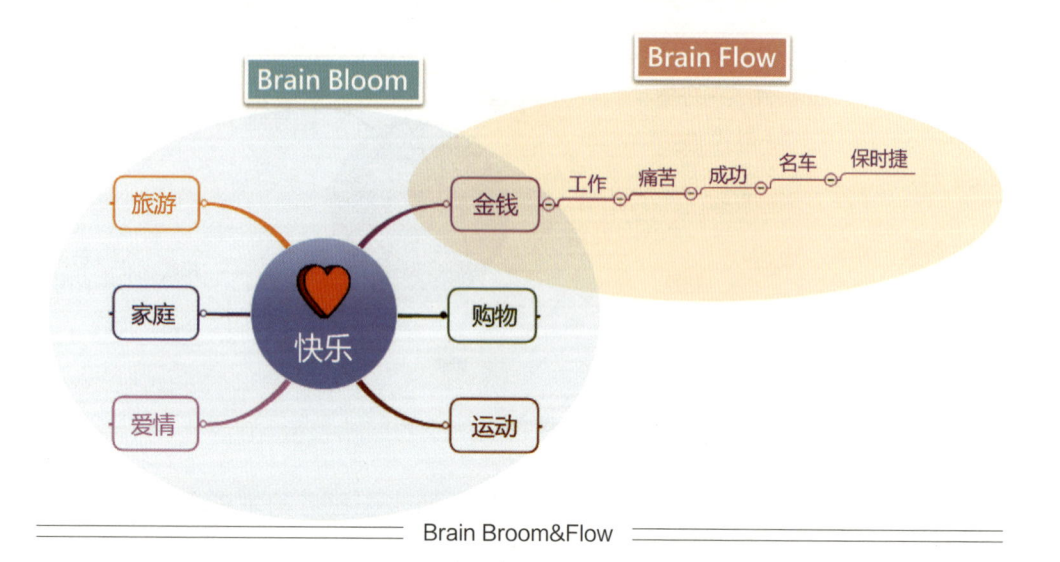

一、关键词

1. **词性**：以名词为主，动词次之，辅以必要的形容词、副词或介词等。精简关键词的判断原则是：删除它不会影响对内容的理解，就可以省略它；反之，删除它会对内容产生误解，就必须保留它。

2. **数目**：每一个线条上的关键词，以一个语词为原则，特别是在创意发想、工作计划、问题分析等场合，更要遵守这个原则。整理文章笔记时，只有章节名称、专有名词、特定概念等，才允许两个以上的语词写在一个线条上；内容重点整理，还是尽量掌握一个语词的原则，让资料的统整更有结构性。

3. **颜色**：手绘时，与线条同颜色；以计算机软件绘制时，为避免屏幕上出现不容易阅读的彩色字，也可使用黑色。

4. **大小**：位阶越上的字号越大并加粗，在视觉上凸显上位阶的议题、概念或类别。

二、色彩

1. 尽可能使用彩色文字、线条、图像或符号，活络主干（Main Branch）及支干（Sub-Branch）上的概念。

2. 要用三种以上颜色绘制彩色图像。

3. 线条与关键词色彩可依个人感受选择，但由于人类对颜色仍有某些共象，知道颜色的基本规则，有助于对色彩感受的掌握。而关于颜色的基本规则，我们会参考六顶思考帽：

黄色／正面乐观；黑色／负面否定；绿色／创意思考

蓝色／程序规则；白色／客观事实；红色／情绪感受

会议时，亦可应用六顶思考帽来协助。譬如在大家闹得不可开交时，主席若规定大家同时戴上哪一顶帽子，就不会有人用不同的帽子在沟通，可以有效降低冲突及提升开会效能。

三、图像

1. **位置**：在特别重要或关键概念的地方加上图像，可以凸显重点所在，而不是随便到处乱加插图，失去焦点。

2. **象征**：在重要处加上的图像，必须能代表或联想到重点内容的意涵，不仅有助于激发创意，更能强化对内容的记忆效果。

思维导图法使用规则

◎ **纸张**

颜色：以纯白为主。不同颜色的色纸，会给人不同的感受，带来不适当的暗示；有线条的纸张，会让人不自觉地以条列方式做笔记。

大小：以 A4 或 A3 为首选，方便书写及收纳。

方向：以横放为原则。纸张横放可以多容纳几阶信息，减少线条碰到纸张边缘需要转弯的机会；最重要的原因是人的眼睛是横的。

◎ **字体**

使用不同大小的字体、线条与图像来凸显重点信息，文字要端正不要潦草。

◎ **线条**

样式：线条的样式要模仿大自然的结构，以有弧度的曲线来绘制，让思维导图看起来美美的。

颜色：线条的颜色除了能区分不同主题、类别之外，最主要的是要用色彩表达自己的感受，用来激发对主题的创意或对内容的记忆。

连接：为了方便阅读，线条必须彼此连接在一起，以提升思维导图的整体感。

粗细：与中央主题连接的主干线条，要采用由粗而细、有弧度的锥形样式，下一阶之后的线条，则以细一点的锥形样式或直接以细线来呈现。

◎ **强化**

框线：在不违反思维导图规则的前提下，发展出个人的风格。思维导图内容完成之后，可以在某一主干与其所有之后的支干沿着周围画上外框，这些独一无二的区块形状可以加深印象，帮助记忆。

风格：在不违反思维导图规则的前提下，发展出个人的风格。

排序：使用数字编排顺序，便于整理及记忆。

How-体验　思维导图法之职场十大应用

下面这张图是我在职场上常用到的思维导图法应用。

以五力来分类——

- 思考力：①即兴发言　②记者访谈　③读书摘要。
- 企划力：④成长计划　⑤促销活动　⑥创意 Slogan。
- 销售力：⑦制胜销售。
- 沟通力：⑧简报沟通。
- 领导力：⑨会议引导　⑩梦想板。

职场十大应用

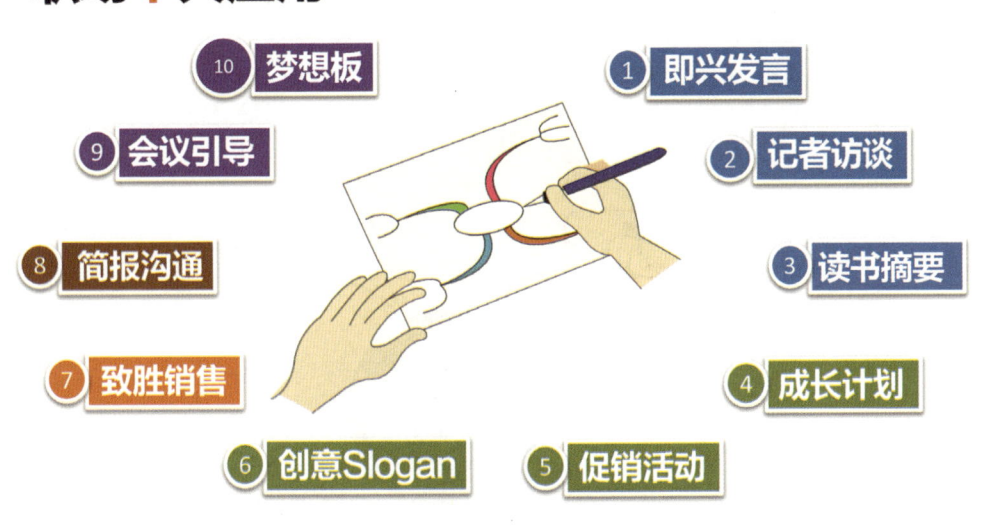

- ⑩ 梦想板
- ⑨ 会议引导
- ⑧ 简报沟通
- ⑦ 致胜销售
- ⑥ 创意Slogan
- ⑤ 促销活动
- ④ 成长计划
- ③ 读书摘要
- ② 记者访谈
- ① 即兴发言

思维导图法职场十大应用

应用 ① 　　　　　　　　　即 兴 发 言

△ 状况 △

某一个新产品发布会上,产品经理忽然拿了篇新闻稿给我,说3分钟后有电视台要来采访,而受访时需要直接面对镜头,不能看稿子,怎么办?

●新闻稿主要内容如下:

A牌雷射黑迷你系列再创5项No.1,树立业界新标杆:

No.1 台湾最小的无线激光打印机,桌上型设计迷你不占空间;

No.1 台湾第1台内建802.11b/g无线激光打印机,无线网络打印随处可印;

No.1 台湾最小的自动双面激光打印机,节省25%纸张使用;

No.1 业界首创Auto-On/Auto-Off电源自动开关技术,大幅节省3倍电力;

No.1 同等规格最便宜价格4,990,凭学生证再退1,000。

△ 解法 △

一、制作思维导图

1. **关键词**：选取条列文章之关键词。

A 牌雷射黑迷你系列再创 5 项 No.1，树立业界新标杆：

No.1 台湾最小的无线激光打印机，桌上型设计迷你不占空间；

No.1 台湾第 1 台内建 802.11b/g 无线激光打印机，无线网络打印随处可印；

No.1 台湾最小的自动双面激光打印机，节省 25% 纸张使用；

No.1 业界首创 Auto-On/Auto-Off 电源自动开关技术，大幅节省 3 倍电力；

No.1 同等规格最便宜价格 4,990，凭学生证再退 1,000。

2. **主题**：此篇新闻稿关键词多跟节省有关，可巧妙连结时下最热的 +-2℃ 环保议题。

3. **大纲／内容／图像**：以上关键词，先放弃跟环保没有正相关的无线功能，然后口语化其他四大特点。

① 省空间：最小体积，以小打印机图像传达省空间的意念。

② 省纸：自动双面打印，节省 25% 的纸张，放一个纸张笔记夹传达省纸的意念。

③ 省电：省 3 倍电力，AOAO，以灯泡图像传达省电的意念。

④ 省钱：只要 4,990（低于 5,000），凭学生证再退 1,000，传达省钱的意念。

二、面对镜头受访

脑中必须牢记这张思维导图，由内而外、顺时针、侃侃而谈地说出以下这段话："这次发表的新产品，主要是响应 +-2℃ 环保主张，所发表的新产品具备四大特色，分别是省空间、省纸、省电、省钱，全面爱护地球及为消费者省荷包。"

其实之所以会产生说服力，除了思维导图具备强大的沟通能力之外，它本身也蕴含了逻辑架构。第一层中央的环保议题就是一种主张，第二圈的大纲是论述，最外围内容则是证据，而主张、论述、证据也就是说服逻辑的基本元素。

△ 效益 △

会场所有记者都同时抓到这好记的关键词：**省空间、省纸、省电、省钱**，隔日所有媒体披露都是这 9 个关键词，简单好记，市场沟通效果非常良好。

△ 建议 △

要学习如何设定很有吸引力的主张，才能具备更强的说服力。以这个例子来说，如果没有中央主题的环保主张来支撑，四大精省的论述对客户而言并不具备吸引力。

应用②	**记者访谈**

△ 状况 △

某一次，同时有 5 位记者来采访我如何拿下彩色激光打印机市占率第一，一般像这样的采访都要花 2 小时以上才能回答的比较完整，而我只有 1 小时，面对 5 位记者排队要问，怎么办？

△ 解法 △

一、制作思维导图

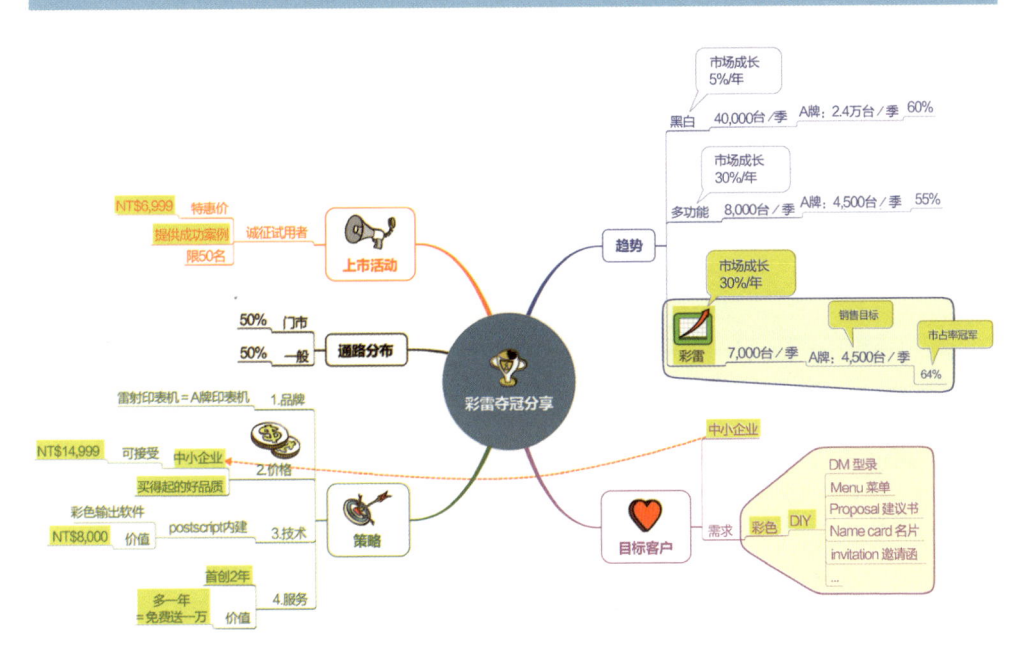

1. **主题**：放上受访主题——彩雷夺冠分享。

2. **大纲**：平常已习惯记者采访，熟悉记者会问哪些问题，就先写下记者常问的问题关键词作为大纲。

① 趋势 ② 目标客户 ③ 策略 ④ 渠道分布 ⑤ 上市活动

019

3. **内容**：就由大纲往下顺势开展。

4. **连结**：在目标客户及价格策略这边作一个脉络连结，因为都是讲中小企业。

5. **色彩**：除了每一条架构有自己的颜色区分之外，再把一些关键词中的关键词用黄底强调，可以更加深重点记忆。

二、开始对记者分享

1. 跟记者说，这就是你们平常问的问题，我已经帮各位列出来了，请问是不是这些问题？

① 趋势 ② 目标客户 ③ 策略 ④ 渠道分布 ⑤ 上市活动，大部分的记者应该都会说是。

2. 一面解释，一面告诉记者思维导图法的妙用，也请他们不用作记录，因为这张思维导图就已经是记录，回去只要照这样子写稿就对了。而帮大家做笔记的代价，就是明天要在媒体版面上协助宣传。

△ 效益 △

☑ **省时**：整个过程加上跟记者解释教学，只用了1小时。

☑ **有效**：所有版面宣传都一样，全是配合我整理过的讯息。

☑ **关系**：跟记者建立有效能的关系，有利于长期配合。

△ 建议 △

可把一些经常重复的事件，写成思维导图流程模块，以作为日后的标准SOP。

应用③　　　　　　　　　**读书摘要**

△ 状况 △

我很喜欢研读《三国演义》，尤其是刘备与诸葛亮的《隆中对》，更是百看不厌，但要如何为这篇摘录文章迅速做重点摘要呢？

△ 解法 △

一、制作思维导图

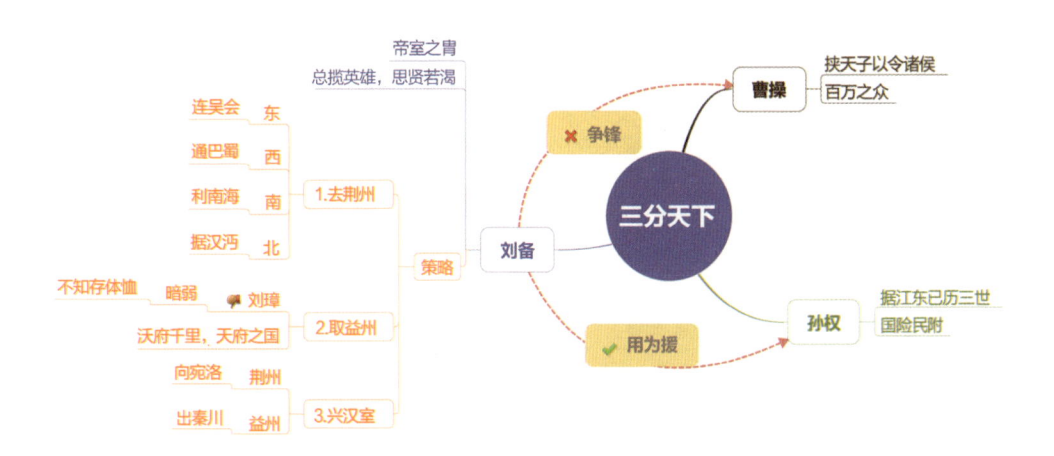

帝室之胄
总揽英雄，思贤若渴

挟天子以令诸侯 — 曹操 — 百万之众

争锋 ✗

三分天下

刘备 — 策略
1. 去荆州
   - 东：连吴会
   - 西：通巴蜀
   - 南：利南海
   - 北：据汉沔
2. 取益州
   - 刘璋：暗弱、不知存恤
   - 沃野千里，天府之国
3. 兴汉室
   - 荆州：向宛洛
   - 益州：出秦川

用为援 ✓ — 孙权 — 据江东已历三世 / 国险民附

1. 关键词：由摘录原文中抓出关键词。

……自董卓以来，豪杰并起，跨州连郡者不可胜数。<u>曹操</u>比于袁绍，则名微而众寡。然操遂能克绍，以弱为强者，非惟天时，抑亦人谋也。今操已拥<u>百万之众</u>，<u>挟天子而令诸侯</u>，此诚<u>不可与争锋</u>。<u>孙权据有江东</u>，<u>已历三世</u>，<u>国险而民附</u>，贤能为之用，此可以为<u>援而不可图</u>也。<u>荆州北据汉沔</u>，<u>利尽南海</u>，<u>东连吴会</u>，<u>西通巴蜀</u>，此用武之国，而其主不能守，此殆天所以资将军，将军岂有意乎？<u>益州险塞</u>，<u>沃野千里</u>，<u>天府之土</u>，高祖因之以成帝业。刘璋暗弱，张鲁在北，民殷国富而<u>不知</u>

021

存恤，智能之士思得明君。将军既帝室之胄，信义着于四海，总揽英雄，思贤如渴，若跨有荆、益，保其岩阻，西和诸戎，南抚夷越，外结好孙权，内修政理；天下有变，则命一上将将荆州之军以向宛洛，将军身率益州之众出秦川，百姓孰敢不箪食壶浆，以迎将军者乎？诚如是，则霸业可成，汉室可兴矣。……

  2. **主题**：三分天下。因三分天下是一种主张，比放隆中对更恰当。

  3. **大纲**：由于这是一段三国历史，直接拿曹操、孙权、刘备当成 Main Branch 最为直接。

  4. **内容**：文章中的关键词，可分布于每个人物的下面。

  5. **连结**：此文是以刘备为主角，故必须点出他对曹操及孙权的外交策略。

△ 效益 △

  这段文章大概有 350 字，抓出的关键词约 90 字（25%），整个是由树状逻辑结构展开，所以大脑的负载胜任有余，日后要回忆或是讲述这段历史，只要想起这张思维导图，就像将一道程序塞回大脑，马上可以上场开讲。

△ 建议 △

  要很熟练关键词技巧，才能让整个思维导图来帮助你，而不是你在帮思维导图。

| 应用④ | 成长计划 |

△ 状况 △

有一次去辅导一家公司,在跟他们开会时,一下有人说问题,一下有人说竞争,忽然间又有人提到愿景,大家的对话层次很不一致,更不用谈成长计划了。此题怎解?

成长　促销　业绩　定位
产品　成本　竞争者　杀价　利润
　　定价　公司　　现状　问题原因
选择目标　　　旺捷公司
愿景　客户　　　服务　推广
渠道　目标　对策　加值　市场细分

△ 解法 △

一、设定主题

先做主题设定。主题需要是一种主张,一种使命,就算是市场一片惨淡,试问有人会写"衰退计划"吗?有道是伸手摘星,也不致满手泥巴,这就是为何要常说好话,给予正面讯息的道理。

023

二、辨别大纲

这一堆讯息，一定存在着某种层次关系，制作思维导图很重要的能力，就是要能迅速用你的火眼金睛看出哪些是大纲（Main Branch），才有办法做进一步的讨论。

三、归类内容

展开内容的基本动作，要先作内容初步归类（以颜色区别），并以数字次序放入大纲，如下图：

接着将归类作一个移动聚拢，方便进行区块整合。有些内容可以再往下归类，例如对策之下可继续开展出 3C、4P、STP，而竞争者在两处需要被参照，就出现两次，如下图：

四、制作思维导图

其实成长计划的讨论，本身是具备流程时序的，流程如下：1.愿景，2.现状，3.问题／原因，4.对策，5.目标。也就是说，我们可以直接把这个模块运用进来带动，根本就不用让讨论发散，这样做最省时。

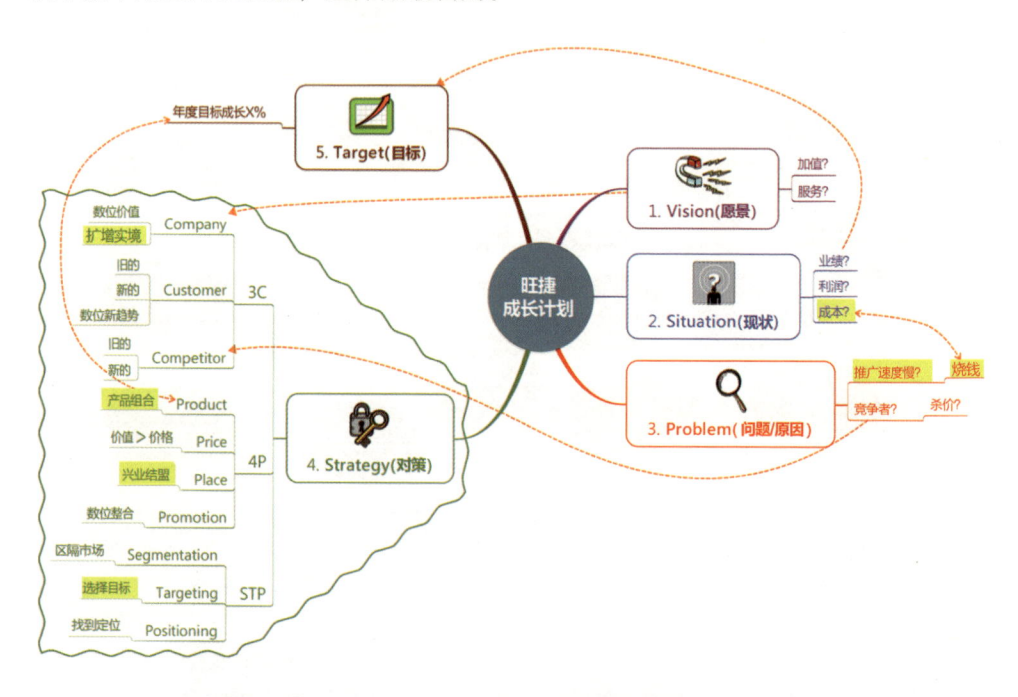

以上，已完成主题设定、大纲及内容归类，所以这里要特别提及连结部分。因为复杂的商业逻辑，很容易产生彼此脉络相关，这时就要启动连结。

从上面这张思维导图来看，目前业绩跟要达成的目标有关（也就是说 Gap 有多大），而成本现状又跟烧钱有关，愿景为公司对策主要依据，竞争者又是订定策略的重要参考，而产品的多寡与组合也关系到设定达成的目标，之前我曾经帮一家航空公司分享，上层一直要求业绩要成长，但却又发现航线一直被砍，这样的议题就能迅速被发现。

△ 效益 △

思维导图已经帮大家把要讨论的议题事先定好了，大家可以把百分百的脑力放在解决问题，而不是陷在一片混乱的讨论议题中。我观察多年，所有会议几乎有80%是无效的，而无效的原因，最主要的是无法统一大家讨论的方向与议题，这是作为一个会议主席要特别留意的地方。

△ 建议 △

只要是经营事业，就一定会遇到问题，重点是如何找到解决问题的脉络，而思维导图法就是一个非常实用的东西，以上这个模块可用来解决公司业绩不如预期的问题。

应用⑤　　　　　　　　　　**促销活动**

△ 状况 △

　　产品促销活动是市场竞争时非做不可的动作。有一次公司的笔电及打印机生意告急，适逢新鲜人入学期间，公司建议推出一档大一新鲜人的促销活动。当你练就了思维导图法神功，会觉得原本看似复杂的事情，居然变成那么简单！

△ 解法 △

一、制作思维导图

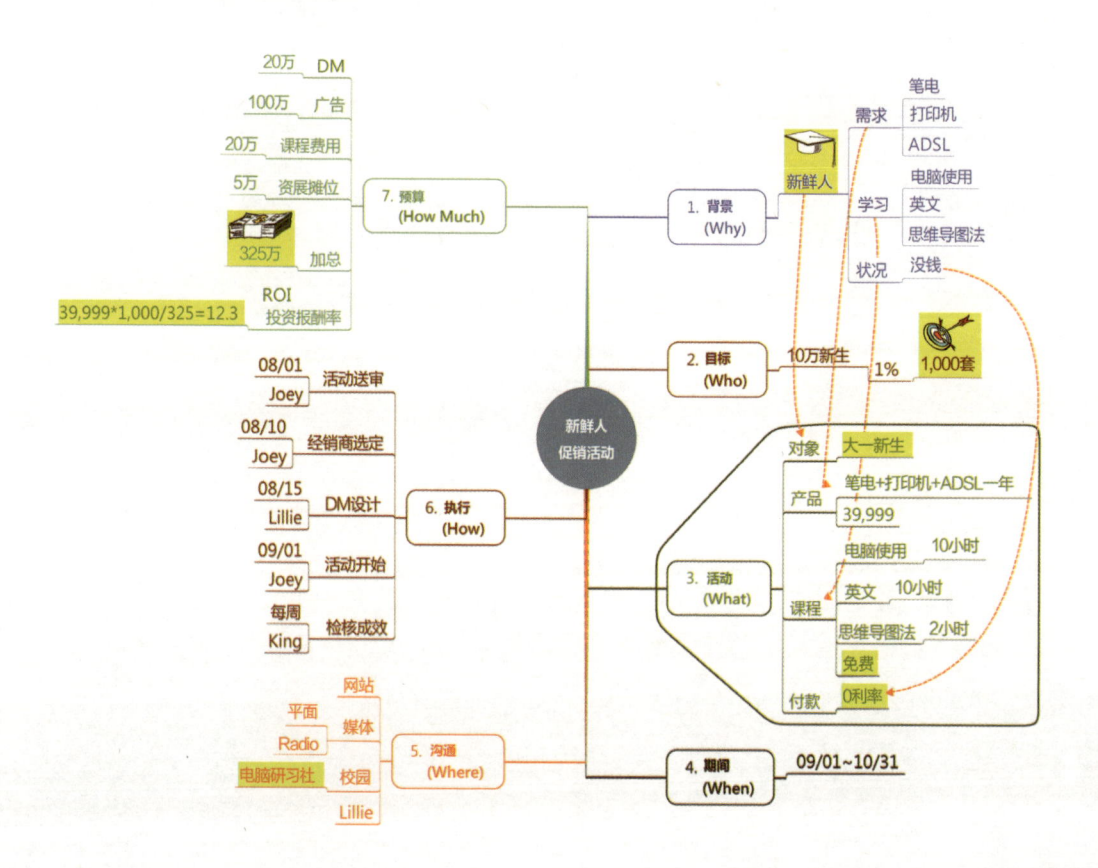

7. 预算 (How Much)
- 20万 DM
- 100万 广告
- 20万 课程费用
- 5万 资展摊位
- 325万 加总
- ROI 投资报酬率　39,999*1,000/325=12.3

6. 执行 (How)
- 08/01 活动送审 Joey
- 08/10 经销商选定 Joey
- 08/15 DM设计 Lillie
- 09/01 活动开始 Joey
- 每周 检核成效 King

5. 沟通 (Where)
- 网站
- 平面 媒体
- Radio
- 电脑研习社 校园 Lillie

中心主题：新鲜人促销活动

1. 背景 (Why)
- 新鲜人
  - 需求：笔电、打印机、ADSL
  - 学习：电脑使用、英文、思维导图法
  - 状况：没钱

2. 目标 (Who)　10万新生　1%　1,000套

3. 活动 (What)
- 对象：大一新生
- 产品：笔电+打印机+ADSL一年　39,999
- 课程：电脑使用 10小时、英文 10小时、思维导图法 2小时
- 免费
- 付款：0利率

4. 期间 (When)　09/01~10/31

028

1. 主题：放上最直接的中央主题——新鲜人促销活动。

2. 大纲：跟记者采访及成长计划一样，促销活动有些既有框架可依循，依照我们的专业直接下标：背景、目标、活动、期间、沟通、执行、预算，作为本次大纲，也就是事物本质5W2H。

3. 内容：这跟读书摘要不同，读书摘要是Note Taking（把东西塞进脑子里），做计划则是Note Making（把东西从脑子取出），所以平常就得练就一身Brain Bloom跟Brain Flow的能力，否则就不能纲举目张。

4. 连结：原先的背景就是活动缘由，所以这边会有直接的连结。

5. 色彩／图像：除了每一条架构有自己的颜色区分之外，再把一些关键词中的关键词，用黄底强调一下，更可加深重点记忆，并在重要地方加上一些图像。

二、开始内部／外部沟通

办完促销活动后，会有一连串的内部沟通，还有外部的公关公司及合作伙伴要传达，想象一下那个场景，人手一张思维导图，是一个多么有效能的场景，一张思维导图，尽在不言中。

△ 效益 △

☑省时：整个促销计划过程不到1小时，以前大概要花上半天才行，而且还遗东漏西。

☑效能：一张思维导图，代表千言万语，沟通效能百分百。

△ 建议 △

促销活动，从计划、讨论、审核、批准，到沟通、执行、检视、追踪，是一个很长的过程。如果不采用具有共识的关键词，恐怕会如同比手画脚的游戏，从第一个人传到最后一个人，已经是面目全非。此时，思维导图法技能就是一个很重要的职场核心竞争力。

应用⑥   **创意 Slogan**

△ 状况 △

新产品上市发布会的准备会议中，主题？创意 Slogan？请谁来代言？场地要在哪？一连串问题丢出，大家的意见此起彼落，时间已迫在眉睫，且看思维导图法如何漂亮出击！

△ 解法 △

一、制作思维导图

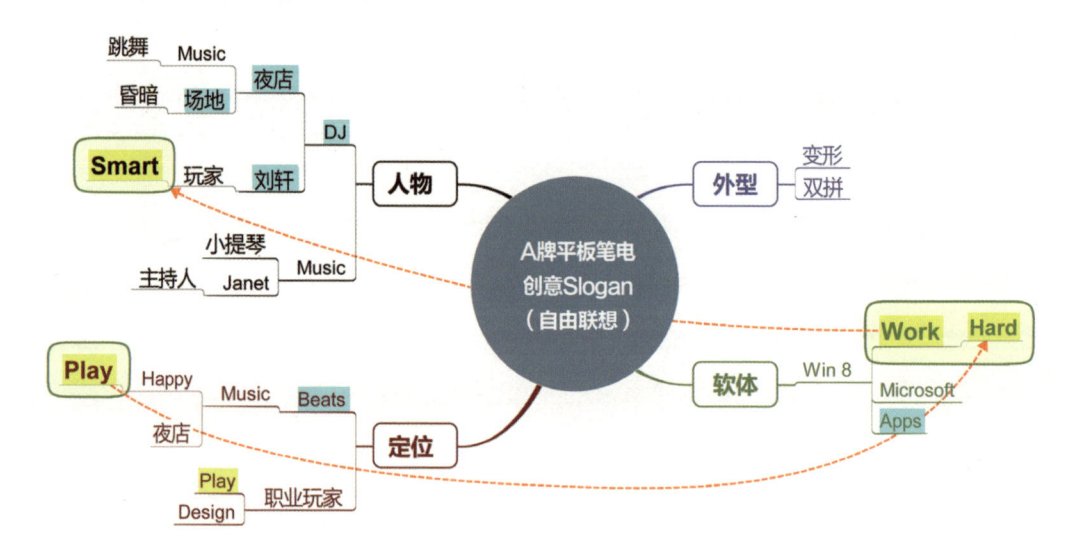

跳舞　Music　夜店
昏暗　场地
Smart　玩家　　DJ
　　　　刘轩
　　　人物　　　　　　外型　变形／双拼
　　小提琴
　主持人　Music
　　　Janet
　　　　　　A牌平板笔电
　　　　　　创意Slogan
　　　　　　（自由联想）
Play　Happy
　　　Music　Beats
　　夜店　　　　　　软体　Win 8
　　　　定位　　　　　　　Microsoft
　Play　　　　　　　　　　Apps
　Design　职业玩家　　　　Work　Hard

1. 主题：跟之前一样，把重要议题或主张当成中央主题，在此处直接写上"A牌平板笔电创意 Slogan"即可。

2. 大纲／内容：有别于商业逻辑，此处所采用的，不论是 Brain Bloom 或 Brain Flow，要的是创意，除了逻辑联想（分类、因果）之外，可大量使用自由联想（对比、接近、相似）。一处山穷水尽时，可再开发另一条路径，重点只有一个，那就是要大量产生关键词，提供萃取组合成创意Slogan，以及活动内容的发想元素。

3.连结： 创意Slogan的链接，最主要是要组合关键词，产生"不寻常"的叙述，所以才叫创意。创意要的是以前没有的东西，所以就是要怪、要妙；如前页那张思维导图，先把可能用到的关键词标成黄色，再来试试创意组合，结果答案马上就出现了——Work Smart，Play Hard，聪明工作，极羡享乐。由于此产品系列也叫极羡系列，所以用极羡取代极限，有双关语之妙，Work Smart 也比呆呆的 Work Hard 好多了，而这个 Hard 却又巧妙地给了 Play，玩个彻底，真是妙用无穷。当年想出这个 Slogan 的属下，跟我一样是思维导图爱用者，如今也当上了外企副总经理，如此的经验传承、帮助同好者成功，岂非人生一大美事。

△ 效益 △

运用思维导图法做创意沟通，速度很快。也因为它高度运用 Brain Bloom 跟 Brain Flow 功能，再加上链接，很轻易就可产能一群有机的 Creative Ideas。

△ 建议 △

平常多练习 Brain Bloom 及 Brain Flow，就能在需要大量讯息萃取 Creativeideas 时，发生作用。

应用⑦　　　　　　　　制胜销售

△ 状况 △

"老板，别牌打印机报价 800 万，我们目前报价是 1,300 万，请问要不要拼？"销售是一家公司的底气所在，但类似蠢事却天天发生，很多业务除了会说价格之外，大脑似乎一片空白。

△ 解法 △

在公开解法前先来看一种更好的说法："老板，客户年底要建立银行征授信系统，打印机也要汰旧换新，总共需要 A3 黑白 500 台，预算约 1,000 万，他牌用低价策略报价 800 万，我打算说服客户植入网管系统，降低总持有成本，目前我已经掌握项目负责人陈科长，只要给我一个专属工程师及测试机，我预计年底可以 1,000 万赢下这案子，并完成交机验收！"其实在大脑里面就是以下这张思维导图。

一、制作思维导图

XX 银行 M.A.N.T.C.S.

1. Money 预算 — 1,000 万
2. Authorized 关键人 — 陈科长
3. Need 需求 — 征授信系统、汰旧换新、500 台、A3、黑白打印机
4. Timing 时程 — 年底验收
5. Competition 竞争 — 800 万、低价
6. Strategy 策略 — 网络管理、降低总持有成本、专属工程师、测试机、支援

032

1. **主题**：直接放入"XX 银行 M.A.N.T.C.S."。

2. **大纲**：以销售六大讯息为大纲。

    M（Money）：预算。

    A（Authorized Key Man）：关键人，即项目负责人。

    N（Needs）：需求。

    T（Timing）：时程。

    C（Competition）：竞争。

    S（Strategy）：策略。

3. **内容**：其实就是 M.A.N.T.C.S. 的答案，有了这个大纲引导，自然大脑就会无时无刻去追踪内容，直到填满为止。

△ 效益 △

如上，思维导图已经帮销售人员把需要知道的主要大纲都先定好了，大家可以把百分百的脑力放在追踪内容，而不是傻乎乎地去找老板讨论。请问，如果只有一个讯息，叫作对手降价，我们要不要跟进，那不是很瞎吗？

△ 建议 △

一样是销售人员，还是有分等级。销售人员的第一课，便是学会掌握讯息，而最佳方法便是使用思维导图法。

| 应用⑧ | 简报沟通 |

△ 状况 △

最近应邀去一位扶轮社朋友的公司 Amadeus 演讲，由于自己的行程忙碌紧凑，一时还真怕写不出东西来，后来不自觉地拿起一张白纸，随着意识流飘了一下，大概只花了 5 分钟，我就看到自己在讲台上侃侃而谈的画面了。

△ 解法 △

一、制作思维导图

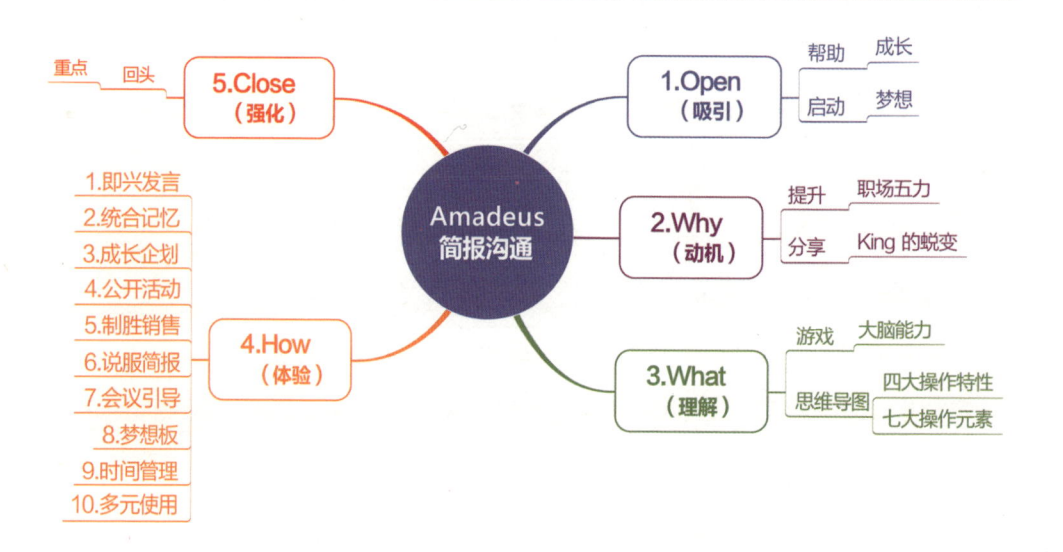

思维导图（Amadeus 简报沟通）：

- **1. Open（吸引）**
  - 帮助 — 成长
  - 启动 — 梦想
- **2. Why（动机）**
  - 提升 — 职场五力
  - 分享 — King 的蜕变
- **3. What（理解）**
  - 游戏 — 大脑能力
  - 思维导图 — 四大操作特性 / 七大操作元素
- **4. How（体验）**
  1. 即兴发言
  2. 统合记忆
  3. 成长企划
  4. 公开活动
  5. 制胜销售
  6. 说服简报
  7. 会议引导
  8. 梦想板
  9. 时间管理
  10. 多元使用
- **5. Close（强化）**
  - 重点 — 回头

1. **主题**：放朋友公司名字 Amadeus 加上简报沟通即可。

2. **大纲**：直接用 Open/Why/What/How/Close 的模块作为大纲。

3. **内容**：有了大纲，内容就能顺势展开。此处所列下的，就是当天要传达给听众的主要简报内容。

二、开始跟 Amadeus 分享

当天跟 Amadeus 分享时,我先以轻松的方式点出大家每天会遇到的苦恼,获得共鸣(吸引)后,再说明为什么职场五力能改变现有的困境(动机)。

而光说方法无法说服听众,所以我分享了自己的蜕变过程作为佐证,引发共鸣,再运用游戏的方式练习,让听众感受思维导图法的威力(理解)。

接下来介绍职场上的十种应用,让听众了解不同情境都能运用思维导图法来改善工作与生活(体验)。透过像这样的简报方式让 Amadeus 所有参与同仁都能强烈感受到我所要传达的理念,使得整场演讲大家参与投入的程度非常高。最后,我用思维导图把分享重点再理一遍,帮助大家记忆(强化)。

△ 效益 △

运用思维导图法做简报流程规划,是一个很好的思考框架。在还没学思维导图法之前,做简报总是想到哪做到哪,毫无章法可言,而自从学了思维导图法,我把做简报当成是在写一个故事,十分享受。

△ 建议 △

说故事(Telling Story)是职场上一个很重要的核心竞争力,因为从一个人的口才,可以迅速判读出他的思绪及逻辑是否清楚。

| 应用⑨ | **会议引导** |

△ 状况 △

某一次，使用传统 Brain Storming 讨论公司出国旅游，但因缺乏思维导图法的分类、连结与引导，会议中你一句我一句，乱成一团。

△ 解法 △

由于我学过思维导图法，就自告奋勇表示，接下来会议由我来协助，只要大家把意见丢上来，我会负责做记录。表面上我是在"服务"大家，但其实是想"领导"大家迅速做出有效的结论。

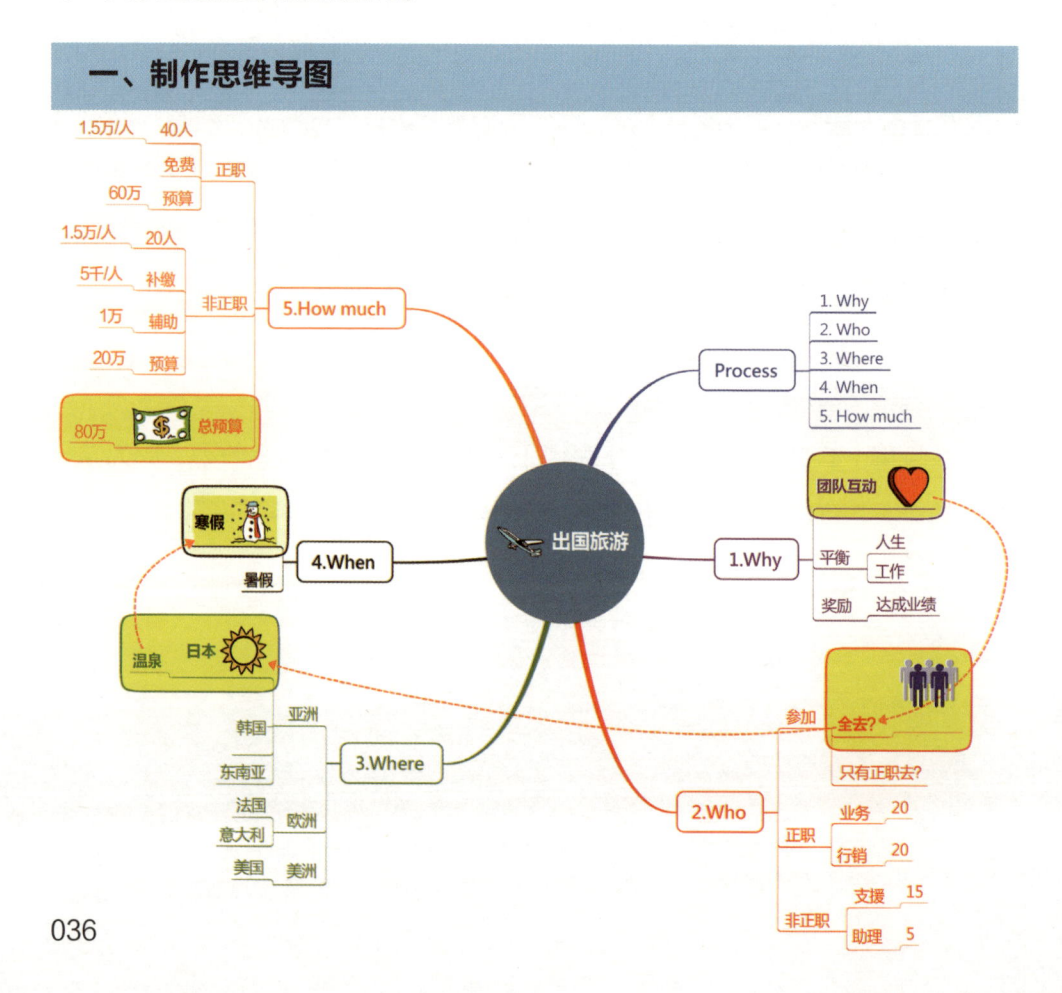

一、制作思维导图

Process
1. Why
2. Who
3. Where
4. When
5. How much

5.How much
- 正职：1.5万/人　40人　免费　60万 预算
- 非正职：1.5万/人　20人　补缴；5千/人　辅助；1万　20万 预算
- 总预算：80万

4.When：寒假、暑假

3.Where
- 亚洲：日本（温泉）、韩国、东南亚
- 欧洲：法国、意大利
- 美洲：美国

1.Why
- 团队互动
- 平衡：人生、工作
- 奖励：达成业绩

2.Who
- 参加：全去？只有正职去？
- 正职：业务 20、行销 20
- 非正职：支援 15、助理 5

036

1. **主题**：放上最直接的中央主题——出国旅游。

2. **大纲**：有关人、事、时、地、物及预算的讨论，干脆直接使用 Why/Who/Where/When/How much 来运转是最恰当不过了。先从 Why 开始，大家把各种想到的可能都丢上来，不要去批评别人的答案，也可以同时丢出 Who、Where、When 的可能性，唯独先不动 How Much 的预算部分，必须等前面项目的讨论结果出来再处理。

3. **内容**：也就是大家一直丢上来的东西，我只做归类，先不做判断，途中若有人开始批评别人，就得马上劝阻。这个部分跟 Brain Storming 一样，唯一不同的，是一面收讯息，一面用思维导图归类，比较不会过度发散。

二、开始引导会议

1. **连结**：整个过程中最精华的部分。依照整个流程，我们必须先决定 Why，如果有高级主管指令就优先采用，没有就大家举手表决。在这个 Case，大家的多数意见是 Team Building。而既然是 Team Building，往下一个 Who，当然就是要全部员工都能一起去，人家合约员工也是人啊……之后就进到 Where。一谈到 Team Building，去日本一起衵裼相见洗温泉自是首选，而泡汤自然得连结 When（寒假），之后再进入 How Much 作最后的预算总结。

2. **色彩／图像**：在被选到的地方放上黄色底纹及相关图像，就是今天大家会议讨论的结果。

△ 效益 △

Mind-Map Storming 效果远胜过传统 Brain Storming，因为在记录过程中，已不知不觉在作有效的会议引导了。

△ 建议 △

有些不被采纳的意见，还是暂时保留在上面，一方面对提供意见的人表示尊重，一方面若要重新讨论也会用到。

应用⑩ 梦想板

△ 状况 △

年轻时总觉得有好多梦想要达成，但想归想，做归做，日子一天天过去，到头来还是一事无成。一夜醒来，拿起一张白纸写下梦想板，放在书桌前天天看它，竟不知不觉美梦成真。

△ 解法 △

一、以思维导图制作梦想板

King 梦想板 M.S.E.P.S.S.L.

- M (Money) 理财
  - 钱非万能，但没钱万万不能
  - 经济 — 自由
- S (Skill) 技能
  - 有技能，才有钱赚
  - 认证
    - 1.思考力 — Mind Mapping 思维导图法
    - 2.企划力 — WBSA 世界商务策划
    - 3.销售力 — ECSP 高级策略性销售
    - 4.沟通力 — NLP 神经语言调整术
    - 5.领导力 — PMP 专案管理
  - 讲师 — 职场五力成功方程式 — 出书 — 商周
- E (English) 语言 — 会通
- P (People) 朋友 — 同好 — 商业／生活／学习
- S (Spirit) 心灵
  - 脉轮
  - 催眠
  - 命理 — 易经／塔罗
- S (Sports) 身 — 游泳／跑步
- L (Life) 生活
  - 家 — 景观
  - 移动的家 — 保时捷 — 享受
  - 舒压 — SPA
  - 钢琴／魔术 — 学习

039

1. **主题**：放上我最爱的太极图及中央主题——King 梦想板。

2. **大纲**：M.S.E.P.S.S.L. 就是我的梦想焦点。

   M（Money）：没钱真的很难混。

   S（Skill）：没有 Skill，恐怕钱怎么盼都盼不来。

   E（English）：后悔没出国念书，但至少英文要能通。

   P（People）：真心的同好知己，是你一生的财富。

   S（Spirit）：心灵这东西，前世今生，累世修行，持续精进。

   S（Sports）：没有能量，就不用谈和谐，健康的身体才是最后堡垒。

   L（Life）：赚来的钱，就是要花在生活上面。

3. **内容**：说起这个梦想板的内容，大概是我作过的思维导图，长得最快又茂盛的地方，完全不用打草稿，早就已经在我心中不停地翻滚。

4. **连结**：将 Skill 跟 Money 作个连结，告诉自己，没有技能就没有钱，钱不是用想的就有；在 Money 及 Life 处，也再做一个连结，提醒自己，辛苦赚钱就是要来享受花钱的。

5. **色彩／图像**：让色彩缤纷，梦想板才有活力，图像只要完全聚焦在中央主题太极即可。

二、开始执行

把梦想都写下来，贴在自己天天看得到的地方，说也奇怪，不去完成它就觉得浑身不对劲。当然，梦想要达成还需要有很强的执行力才行，但筑梦的愿望有多强，执行力就有多强。

△ 效益 △

梦想 Imagination →视觉 Visualization →成真 Realization

思维导图法有很强大的心像视觉功能，会让人在潜意识中去实现自己的梦想。上述梦想板，我后来竟不知不觉的一一实现，这种圆梦的能力是每个人与生俱来的。

△ 建议 △

看到这段，请拿起一张白纸，把你的梦想写下来，多年之后，必能实现！

Chapter. 2
企划力

整合营销流程

IMP

企划力是职场进阶的核心竞争力之一,学会 IMP 整合营销流程,可以有效提升企划能力,掌握"不可被取代"的竞争优势和升职之钥!

企划力是职场进阶的核心竞争力之一，学会 IMP 整合营销流程，可以有效提升企划能力，掌握"不可被取代"的竞争优势和升职之钥！

从整个 IMP 架构来看，它涵盖了一家公司的初始愿景，了解客户、对手及自己公司的现况，由制订方针到设定目标、分析障碍、产生策略、展开执行……也就是说，拥有完整的企划能力，等同你可以独立经营一家公司。

商场如战场，以战场上的角色比喻，销售就等于是武将，只要达成分派任务即可；企划是军师，负责总体策略的计划与指挥。在三国人物中，我最喜欢的人物首推诸葛亮，即使面对百万大军冲阵厮杀，仍能羽扇纶巾，指挥若定。因着对这种神态的向往，让我在担任企划期间，总能享受工作。

诸葛亮于赤壁之战中，有一段"智算华容道"的桥段，开启了我对策略的向往。那段故事描述，诸葛亮算准曹操兵败后，必然溃走华容道，于是派关羽前去把守，诸葛亮料想面对曹操的哭求，关羽会念及昔日旧情，而放曹操一马。如此的盘算，顾及曹操一死，北方必乱；也让关羽把人情还完，避免日后再误事；同时镇压关羽的傲气，借此压下张飞与诸将，树立军师的威严。

这种一石三鸟的巧妙安排，除了要对敌我主将有充分了解之外，还要对过去及未来做出精准的推测，并具有冒险犯难的自信与勇气。而这一切能力，都来自于诸葛亮在出山当军师之前的苦读自励，不然如此智慧从何而来。

刚投入企划工作时，有很多定义困扰着我，譬如企划、营销、促销、活动……还有很多很熟悉却又不熟悉的工具，像是 PEST、五力分析、BCG、SWOT、ANSOFF、3C、4P、STP、PLC 产品生命周期……这种好像会又好像不会的感觉，很是令人难受，当然也就很难把能力发挥到极致。

后来我用思维导图法按照步骤展开相关归类，再加上去研修了高级 WBSA（世界商务策划）的课程，终于打开了智慧之门，让自己的单点策略思维，提升为整合性策略思维，而这对于我日后的创新思考及企划案设计有很大的帮助。

因此，我将这个企划模块称为**整合营销流程**（IMP：Integrated Marketing Process），提供给未来想投入企划营销领域的新手读者，或正陷于某某项目找不到突破点的企划人。相信它，走一遍 IMP，你会感到相当受用。

※ 参考数据源：《商业企划方法论 Business Planning Methodology》创新企划顾问有限公司 / 编著

企划力黄金圈

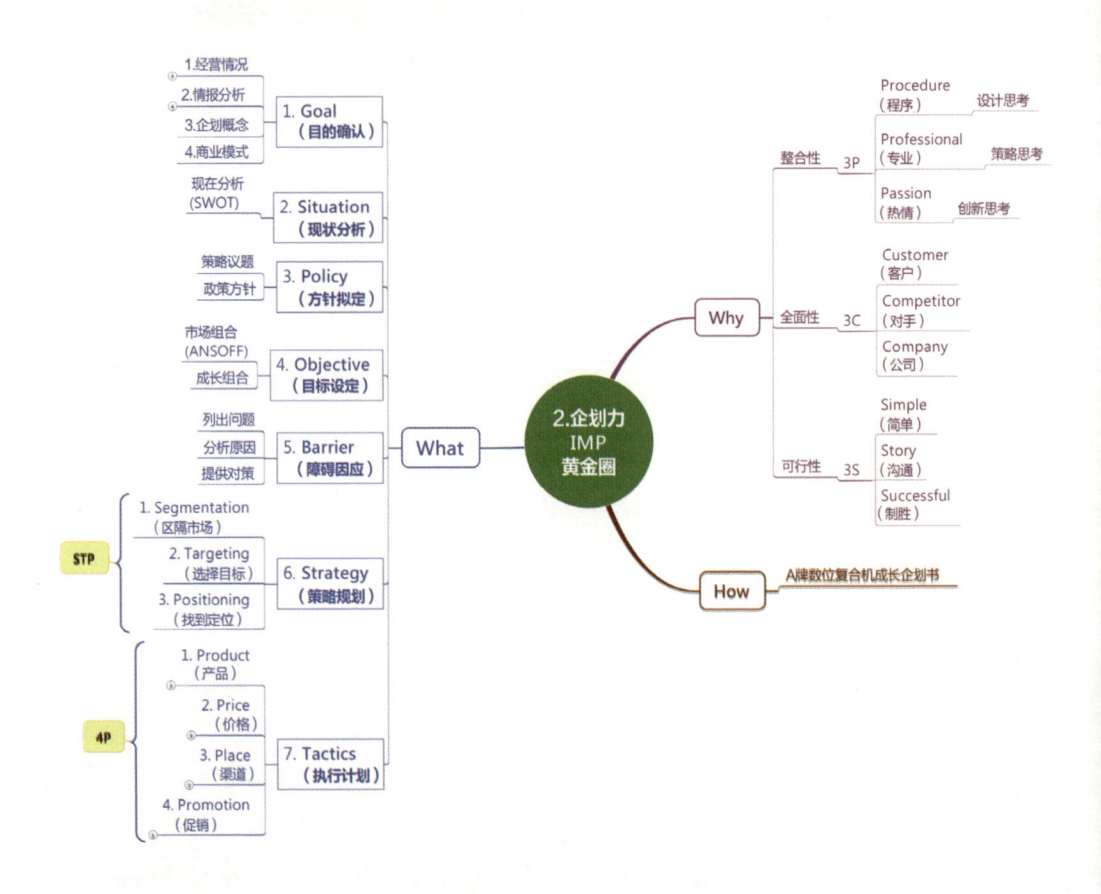

2. 企划力 IMP 黄金圈

What：

- 1. Goal（目的确认）
  - 1. 经营情况
  - 2. 情报分析
  - 3. 企划概念
  - 4. 商业模式
- 2. Situation（现状分析）
  - 现在分析（SWOT）
- 3. Policy（方针拟定）
  - 策略议题
  - 政策方针
- 4. Objective（目标设定）
  - 市场组合（ANSOFF）
  - 成长组合
- 5. Barrier（障碍因应）
  - 列出问题
  - 分析原因
  - 提供对策
- 6. Strategy（策略规划）— STP
  - 1. Segmentation（区隔市场）
  - 2. Targeting（选择目标）
  - 3. Positioning（找到定位）
- 7. Tactics（执行计划）— 4P
  - 1. Product（产品）
  - 2. Price（价格）
  - 3. Place（渠道）
  - 4. Promotion（促销）

Why：

- 整合性 3P
  - Procedure（程序）— 设计思考
  - Professional（专业）— 策略思考
  - Passion（热情）— 创新思考
- 全面性 3C
  - Customer（客户）
  - Competitor（对手）
  - Company（公司）
- 可行性 3S
  - Simple（简单）
  - Story（沟通）
  - Successful（制胜）

How： A牌数位复合机成长企划书

Why（动机）

使用 IMP 整合营销流程会带来以下三大特性及优点。

1. 整合性（3P）

企划营销的面向，不仅复杂多元，彼此之间连动紧密，还可能并行处理或有时序先后考虑，很多资深企划专员尚且不知其中的奥妙，更何况是没受过训练的新手。所以我在外企担任企划营销期间，一直致力要把所有企划营销概念及工具，譬如 PEST、五力分析、BCG、SWOT、ANSOFF、3C、4P、STP、PLC 产品生命周期、市场沟通组合……做一个时序性整合，以利自己思考及协助同事迅速进入状态。

而在进行整合编排时，我特别注意 3P 的特性：

Procedure（程序）：程序 SOP 是设计思考的最佳利器，也能启动灵感、创意、计划、执行。

Professional（专业）：企划营销主体是以营销策略学派应用为主，它蕴含了传统商业理论的科学逻辑，以垂直思考整合，必须具备深度的专业素养。

Passion（热情）：有了程序及专业，很容易失去水平思考的创意，所以必须时时保持热情，洞察那反传统的灵光乍现。热情，也是一个企划匠跟企划大师最大的差别，在科学逻辑非常发达的今天，当大家都专注于教条规则时，热情的洞察能力便是决战的关键。

2. 全面性（3C）

IMP 流程是从**分析客户（Customer）**、**比较对手（Competitor）**、**了解公司（Company）**三大面向，做出全面性考虑的企划。

设定一个公司的目的及愿景，得先从客户、对手及自己公司的三角关系开始了解。不懂客户的需求，就无法做出可以满足客户的商品；不懂对手的强弱，就无法选对市场，做出最有利的投资；不懂自己的优势及资源，就无法做出一个最有效的商业模式。

3. 可行性（3S）

IMP 也具备相当的可行性，包含：**简单流程（Simple）**、**有效沟通（Story）**、**制胜策略（Successful）**。

由于我身兼思维导图法讲师，我的信仰就是"简单"，认为凡事只要复杂，不管是在思考上、表达上、执行上都是一种障碍，所以 IMP 以简单流程模块出发，不仅能迅速整合营销的基本元素，在对内外沟通时，以故事陈述也较为有效；而在实际执行时，也因为简单固定，大家说一样的语言，内外观点容易一致，结果自然容易制胜，总体的可行性也就大大提高。

当我把 IMP 应用在日常工作时，有一次国外大老板紧急来台湾检视我们的生意状况。外企有句名言，当生意做不好时，报告再做不好，就要卷铺盖走路了，所幸我运用 IMP 的思考技巧，把整个台湾的生意情形走了一遍，到最后不仅获得谅解，更得到一笔丰富的资源，以挽救岌岌可危的颓势。

What（理解）

IMP 整合营销流程的架构，大体来说涵盖七大流程：1.目的确认，2.现况分析，3.方针拟定，4.目标设定，5.障碍因应，6.策略规划，7.执行计划，将于后面章节详述。

How（体验）

A 牌数位复合机成长企划书。

IMP 七大整合行销流程

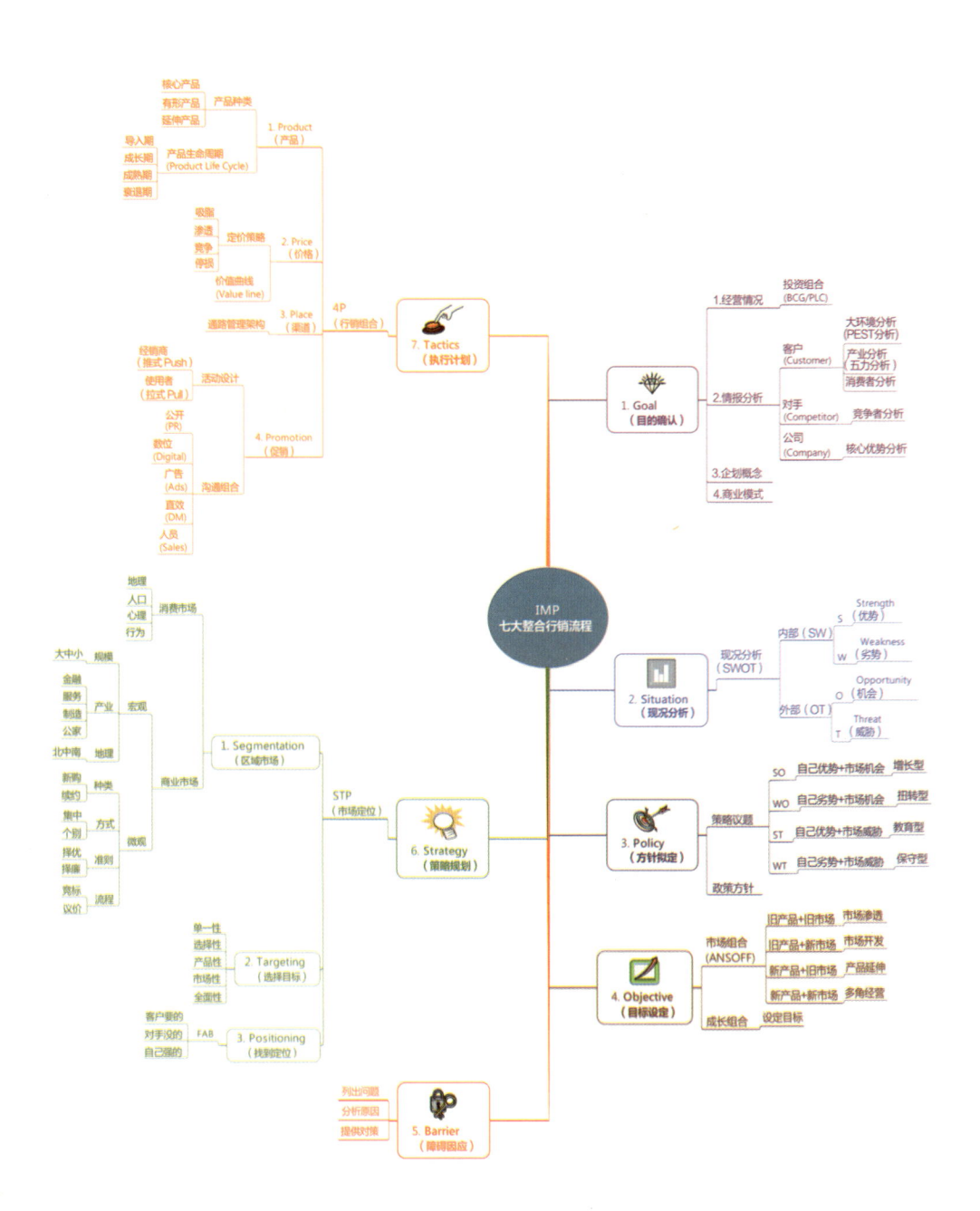

1. Goal（目的确认）
- 1.经营情况
  - 投资组合（BCG/PLC）
- 2.情报分析
  - 大环境分析（PEST分析）
  - 客户（Customer）—— 产业分析（五力分析）、消费者分析
  - 对手（Competitor）—— 竞争者分析
  - 公司（Company）—— 核心优势分析
- 3.企划概念
- 4.商业模式

2. Situation（现况分析）
- 现况分析（SWOT）
  - 内部（SW）
    - S Strength（优势）
    - W Weakness（劣势）
  - 外部（OT）
    - O Opportunity（机会）
    - T Threat（威胁）

3. Policy（方针拟定）
- 策略议题
  - SO 自己优势+市场机会 —— 增长型
  - WO 自己劣势+市场机会 —— 扭转型
  - ST 自己优势+市场威胁 —— 教育型
  - WT 自己劣势+市场威胁 —— 保守型
- 政策方针

4. Objective（目标设定）
- 市场组合（ANSOFF）
  - 旧产品+旧市场 —— 市场渗透
  - 旧产品+新市场 —— 市场开发
  - 新产品+旧市场 —— 产品延伸
  - 新产品+新市场 —— 多角经营
- 成长组合 —— 设定目标

5. Barrier（障碍因应）
- 列出问题
- 分析原因
- 提供对策

6. Strategy（策略规划）

STP（市场定位）

1. Segmentation（区域市场）
- 消费市场：地理、人口、心理、行为
- 商业市场：
  - 宏观：规模（大中小）、产业（金融/服务/制造/公家）、地理（北中南）
  - 微观：种类（新购/修改/集中/个别）、方式（择优/择廉）、准则（竞标/议价）、流程

2. Targeting（选择目标）
- 单一性
- 选择性
- 产品性
- 市场性
- 全面性

3. Positioning（找到定位）
- FAB
  - 客户要的
  - 对手没的
  - 自己强的

7. Tactics（执行计划）

4P（行销组合）

1. Product（产品）
- 产品种类：核心产品、有形产品、延伸产品
- 产品生命周期（Product Life Cycle）：导入期、成长期、成熟期、衰退期

2. Price（价格）
- 定价策略：吸脂、渗透、竞争、停价
- 价值曲线（Value line）

3. Place（通路）
- 通路管理架构

4. Promotion（促销）
- 活动设计
- 沟通组合
  - 经销商（推式 Push）
  - 使用者（拉式 Pull）
  - 公开（PR）
  - 数位（Digital）
  - 广告（Ads）
  - 直效（DM）
  - 人员（Sales）

整合营销流程

049

| What- 理解 | # 目的确认（Goal）
| :--- |
| 整合营销流程 ① |

设定目的的主要意涵是：提出策略意图与聚焦思考的方向，作为企划策略思考的起点。另一方面，根据策略意图与目的，搜集相关资料，然后进行相关的情报分析，产生灵感，进而发展出策略构想与核心概念、商业模式。

一、经营现况

经营现况就是对目前经营情形的基本描述，例如市场趋势、业绩状况或一些跟经营相关的事物；在此也要看两个图，一个是投资组合 BCG 矩阵，另一个是 PLC（Product Life Cycle）产品生命周期。PLC 在营销组合章节会有详细描述，在此处只提出它跟 BCG 的可能对应关系。

1. 投资组合——BCG

BCG 矩阵（BCG Matrix）是布鲁士·韩德森于 1970 年为波士顿咨询公司（BCG）设计的一个图表，目的是协助企业分析其业务和产品系列的表现，从而协助企业更妥善地分配投资，以及作为品牌建立和营销、产品管理、战略管理与公司整体业务的分析工具。

这里需要特别注意的是，一个公司必须要有一定的明星及金牛商品，一个是未来趋势，一个是资金来源，经营的概念就是好好收割金牛，全力投资明星，扶持问题商品成为明星商品，或及早放弃这个无法挽救的问题商品，引进另一个有机会成为明星商品的问题产品，而笨狗商品就是安全下市了。

BCG 矩阵是配合产品生命周期阶段，以未来的市场成长率（Market Growth）作为矩阵的纵轴，目前公司商品相对市场占有率作为横轴，共可分为以下四个象限：

```
                    相对市占率
        ←─────────────────────────
    ┌─────────────────────┬─────────────────────┐
  ↑ │ ★                   │                  ?  │
  │ │ 明星                │                  问号│
  市 │    多功能事务机      │                      │
  场 │                     │    数位复合机        │
  成 │  彩色雷射打印机      │                      │
  长 ├─────────────────────┼─────────────────────┤
  率 │                     │                      │
    │   黑白雷射打印机     │                      │
    │                     │   黑白喷墨打印机     │
    │ 🐄                  │                   🐕 │
    │ 金牛                │                  笨狗 │
    └─────────────────────┴─────────────────────┘
                       BCG 矩阵
```

① 问题商品（Question Marks）

市场成长率高 + 相对市占率低 = 问题

该商品可能正处于导入期阶段或不具有相对竞争力，但现在虽然相对市场占有率低，未来也有可能成为明星商品。如果是属于新产品导入期，公司必须投入资源，进行新商品上市的沟通活动，以提高市场知名度，尤其是加强对创新使用者的沟通，这个时期的风险性高，公司必须找出有效对策，协助该商品尽快发展成明星商品，进入成长期，否则就该慎重考虑放弃商品，退出市场，以降低损失。

② 明星商品（Stars）

市场成长率高 + 相对市占率高 = 明星

该商品可能正处于成长期阶段，未来市场成长率高，目前相对市场占有率也高，通常这类具有竞争力的商品，未来有机会替公司创造高营收与高获利，但现阶段

051

需要加码更多的投资，用于商品改善与品牌营销的活动，以加速扩张市场占有率，因此现阶段该商品对公司的获利贡献帮助有限。

③ 金牛商品（Cash Cows）

市场成长率低＋相对市占率高＝金牛

此产品亦称为变现商品。该商品可能正处于成熟期阶段，可为公司创造稳定的现金流。通常这类商品都是老商品，虽然具有高市占率，但是未来成长性低，无须持续再投资，公司应该让此类商品尽快变现，投资明星商品或问题商品的快速成长，以备将来转为金牛商品，也为未来的明星商品及问题商品准备现金。

④ 笨狗商品（Dogs）

市场成长率低＋相对市占率低＝笨狗

该商品可能正处于衰退期或相对竞争力低，市场占有率与成长性都低，这类商品不具备继续投资的价值，最好的对策是安全关闭该产品线，将资源转移给其他商品。

二、情报分析

本流程是从分析客户（Customer）、比较对手（Competitor）、了解公司（Company）三大面向来做出全面性的策略思考。客户端包含大环境分析－PEST分析、产业分析－五力分析、消费者分析，对手部分就是竞争者分析，公司部分则是了解自己公司的核心优势。

1. 大环境分析——PEST 分析

所谓大环境是指整个外部客观环境而言，具有一定的方向性及持久性影响，这些变迁的力量往往会为企业带来重大的机会（Opportunity）与威胁（Threat），因此在进行企划营销时，第一步就是先搜集外部大环境的相关资料，解读出可以利用的市场机会，以及必须防范的外部威胁。

PEST 环境分析如下：

P（Politics）：代表政治／法律趋势。政治体制、税法、财政预算分配、政府补贴政策、产业发展政策、产业规范法规、进出口限制法规、投资／金融／外汇政策与法规等方面的重大变化。

E（Economics）：代表经济趋势。全球经济情况、资本市场、产业结构、经济基础设施、资源与商品供需情况、GDP 成长率、失业率、所得分配比例、消费者物价指数、储蓄水平、货币汇率走势、通货膨胀率等方面的重大变化。

S（Social）：代表社会、文化、人口趋势。社会道德观、价值观、世界观、社会风气、生活方式、消费习惯、人口成长率、人口结构变化（例如高龄化、少子化）、族群组合、教育水平、家庭形态（例如单身、单亲家庭）、地理人口分布等方面的重大变化。

T（Technology）：代表科技、环境、生态趋势。科技创新发展、政府科技政策与投资计划、专利保护、科技研发预算、原物料供需、能源供应成本、环境污染情况、政府环保政策等方面的重大变化。

以上大环境分析相关数据，可搜集来源包括各国趋势专家出版的专书、政府公报、商业杂志、产业报告等公开性资料。

2. 产业分析——五力分析

在完成大环境 PEST 情报搜集之后，就要往下看到公司产业相关情报。哈佛大学教授迈可尔·波特（Michael E. Porter）出版的《竞争战略：产业环境及竞争者分析》（*Competitive stategy: techniques for analyzing industries and competitors*）一书，提出"五力分析"架构，可作为产业竞争环境分析的有效工具。

潜在进入者
政府规范/专利保护/规模经济
品牌忠诚度/绝对成本优势/客户转换成本
独特的配销渠道

供应商议价力
供应商产品的重要性
客户的转换成本
供应商具有较高的集中度
供应商向前/向后整合的能力

现有竞争者
厂商规模与数量
产品性质与差异化
厂商的固定成本
客户转换成本
高退出障碍

购买者议价力
产品的标准化程度
产品差异性与替代性
购买者的购买数量与集中性
购买产品的重要性
购买者的转换成本
购买者向后整合的能力
购买者的资讯充足

替代品威胁
替代品有较低的相对价格
替代品有较强的功能
客户面临的转换技术及成本

五力分析

① **供货商议价力**

供货商可调高售价或降低质量，对产业成员施展议价能力。造成供货商议价力量强大的条件如下：

- 供货商产品的重要性
- 客户的转换成本
- 供货商具有较高的集中度
- 供货商向前／向后整合的能力

② **潜在进入者**

新进入产业的厂商会带来一些新产能，攫取既有市场，压缩市场的价格，导致产业整体获利下降。谈到潜在进入者，由潜在进入者的进入障碍来谈或许更清楚：

- 政府规范
- 专利保护

- 规模经济
- 品牌忠诚度
- 绝对成本优势
- 客户转换成本
- 独特的配销渠道

③ **现有竞争者**

产业中现有的竞争模式是运用价格战、促销战及提升服务质量等方式，竞争行动开始对竞争对手产生显著影响时，就可能招致还击，若是这些竞争行为愈趋激烈，甚至采取若干极端措施，产业会陷入长期的低迷。同业竞争强度受到下列因素影响：

- 厂商规模与数量
- 产品性质与差异化
- 厂商的固定成本
- 客户转换成本
- 高退出障碍

④ **替代品威胁**

产业内所有的公司都在竞争，但他们也同时和可能性替代品竞争，替代品的存在限制了一个产业的可能获利，当替代品在性能和价格上所提供的替代方案越有利时，对产业利润的威胁就越大。替代品的威胁来自于：

- 替代品有较低的相对价格
- 替代品有较强的功能
- 客户面临的转换技术及成本

⑤ **购买者的议价力**

消费者对抗厂商的方式，是设法使厂商压低价格，争取更高质量与更多的服务。

消费者若有下列特性，相对卖方而言会有较强的议价能力：

- 产品的标准化程度
- 产品的差异性与替代性
- 购买者的购买数量与集中性
- 购买产品的重要性
- 购买者的转换成本
- 购买向后整合的能力
- 购买的信息充足

3. 消费者分析

消费者分析最主要是要找到消费者的真正需求，包含"消费者行为研究"与"消费者洞察研究"。

①消费者行为研究

消费者行为研究范畴包括分析目标市场的5W2H——购买标的（What）、购买动机（Why）、购买决策（Who）、如何购买（How）、期望价格（How Much）、购买时机（When）及何处购买（Where）。

而消费者行为会受到以下四种因素影响：

- 文化因素：包括目标客群的文化、次文化、社会阶级
- 社会因素：包括同侪团体、家庭、角色与地位
- 个人因素：包括年龄、生命周期阶段、职业、经济条件、生活形态、人格特质
- 心理因素：包括动机、知觉、学习、信仰、态度

②消费者洞察研究

新事业创新企划提案面临的最大挑战是：洞察出连消费者自身都无法清楚察觉之未被满足的潜在需要。即使运用传统访谈方式或问卷调查，也无法问出消费

者隐而未显的需求，因此在进行消费者洞察时，必须以观察、同理心、洞察为基础。

而消费者洞察面临的挑战是：如何能深度了解消费者？要关注哪些消费者？为解决上述问题，企划人应走入消费者的真实世界，深入观察消费者的真实经验，从中获得消费者未满足需要的重要线索。

在进行观察时，不只要看消费者做什么，听消费者说什么，更重要的是注意消费者不做什么，以及倾听消费者没说的事情。从企划雏形构想的目标客群当中，针对被观察者，我们要进一步了解的是消费者内心真实的想法与感受、消费者的痛楚和消费者的渴望。简单说就是要找到目标客群想完成的工作及面临的问题（Jobs-to-be-done）。

4. 竞争者分析

无论是新事业的创新或是核心事业的改善，除了考虑大环境趋势、产业趋势及消费者需求之外，竞争对手的分析也非常重要。原因很简单，当你锁定猎物，一股脑儿全力投入，在即将收割时，才察觉这个猎场还有别的猎人，而且比你更强壮，你会忽然发现之前所有对猎物的引诱及投资，都只是"为人作嫁"而已。所以，研究、比较竞争对手，不管是在商业行为的企划、营销、销售，或是生活上的处世、恋爱、比赛、战场上的生死拼斗……永远是千古不变的重点科目。竞争分析如下表：

项目	自己	对手1	对手2
主力商品			
商品价格			
配销通路			
促销组合			
客户服务			
竞争策略			

- 主力商品（Product）：产品线的种类、特色、质量、定位
- 商品价格（Price）：产品线的价格策略
- 配销渠道（Place）：厂商的配销渠道组合及强度
- 促销组合（Promotion）：厂商的促销组合及强度
- 客户服务（Service）：保修年限、装机、维护等相关售后服务需求
- 竞争策略（Strategy）：关注重点及相对的优势与劣势

以上数据搜集来源包括公司官网资料、公司的年报与财报、媒体报导、产业报告等。另外，可辅以访问调查法与观察法，例如访问渠道商及消费者对竞争对手商品的看法，或亲自参与购买竞争对手的商品与服务，以取得第一手的观察资料。

5. 核心优势分析

根据环境调查、产业趋势分析、消费者研究、对手比较，以及公司现有资源与核心竞争力，找出公司最核心的优势。

三、企划概念

企划概念是指整个商业构想的核心概念，也是整个企划提案的浓缩精髓。如何设计出简单易懂、魅力十足的企划概念，是打动人心、成功说服的关键。在实务作业上可应用"4C 概念分析"来表达企划概念的基本元素及中心思想。

Community（社群）：你的构想究竟要服务哪一类社群？

Change（改变）：你想改变何种产业的游戏规则？

Connection（关联）：针对你想改变的部分，提出何种要素与要素之间的新联系？

Conversation（对话）：你要向目标客群提出何种新的概念？

四、商业模式

商业模式就是描述一个组织如何创造、传递及获取价值的手段与方法，是一种科学、系统化的组合，得以解释公司的经营与获利逻辑。商业模式是两个结构，或说是九个字段，分别代表九个要素的设计内容，设计者可用关键词句和图像素描等方式，呈现出每个要素的概念内涵，并将九个要素的设计概念以逻辑关系加以整合。

以 iPhone 作个简单范例，商业模式的设计要领如下：

1.关键伙伴	2.关键活动	4.价值主张	5.顾客关系	7.目标市场
电信技术公司 音乐版权公司 影视版权公司	iphone设计 软体平台开发 音乐版权洽谈 影视版权洽谈 相关行销活动	触手可及 全面掌握	品牌Fans	大众市场
	3.关键资源 Apple品牌 iPhone硬体 iTunes软体		6.渠道 Apple直营店 Apple零售商 Apple官网	
8.成本 iphone设计及制造成本　软体平台开发成本 音乐及影视下载权利金 行销及销售成本			9.营收 iphone销售营业额 音乐及影视下载营业额	

此外，有个关键要特别注意，商业模式是一种创新设计，而不只是创意设计。简单来说，创新是一种全面型战略，例如平板；而创意只是一种改善型战术，例如小型笔电。iPhone 一上市，立即冲垮八大主要市场：手机、相机、计算机、软件、媒体、出版社、音乐、电影，就是个创新商业模式最成功的典范。

1. 关键伙伴

是指能够让商业模式顺利运作，所需之重要供货商及合作伙伴网络。

寻求关键伙伴有以下几种主要动机：

- 资产配置的优化（效率提升、成本下降、经济规模）
- 降低经营环境的不确定风险
- 取得特定的资源与能力

关键伙伴关系有以下几种类型：

- 非竞争关系的策略联盟
- 竞合关系伙伴
- 共同投资伙伴
- 采购与供应伙伴

思考焦点包括：

- 谁是重要的合作伙伴？
- 谁是重要的供货商？
- 希望从重要伙伴取得何种重要资源？
- 希望重要伙伴帮助我们完成何种重要活动？

2. 关键活动

是指能让商业模式顺利运作所需之重要活动/行动/事情。这些活动能帮助创造客户价值、建立有效渠道、维护顾客关系、产生营收来源。

关键活动有以下几种类型：

- 生产性活动
- 问题解决性活动
- 平台或网络的管理与促进活动

思考焦点包括：

- 创造客户价值需要什么重要活动？
- 建立渠道需要什么重要活动？

- 维护顾客关系需要什么重要活动？
- 创造营收需要什么重要活动？

3. 关键资源

是指能让商业模式顺利运作所需之重要资源。这些资源能帮助创造客户价值、建立有效渠道、维护顾客关系、产生营收来源。

关键资源有以下几种类型：

- 实体资源（生产设备、建筑、系统、配销渠道）
- 智慧资产（品牌、专业know-how、专利、著作权、伙伴关系、客户数据）
- 人力资源
- 财务资源（现金、资产、银行信用）

思考焦点包括：

- 创造客户价值需要什么重要资源？
- 建立渠道需要什么重要资源？
- 维护顾客关系需要什么重要资源？
- 创造营收需要什么重要资源？

4. 价值主张

是指能为目标客群创造价值的商品、服务或商品与服务的组合。

思考焦点包括：

- 提供客户什么商品／服务或组合？
- 满足客户什么需要？
- 提供客户何种价值？
- 帮助客户解决什么工作问题？

可为目标客群创造或提高价值的方式有：新颖的商品或服务、改善商品／服务的功能、客制化、帮助客户完成重要工作、提高设计质感、彰显社会地位的品牌价值、以更低价格提供相同的价值、降低客户采购成本、降低客户的购买风险、提高客户购买及使用商品的可接近性与便利性等。

5. 顾客关系

是指公司希望与目标客群建立的关系形态。顾客关系会影响到客户整体的购买体验。

思考焦点包括：

- 目标客群希望能与公司建立与维持何种关系？
- 维持特定的顾客关系需花费的成本？
- 特定的顾客关系要如何与整个商业模式整合？

6. 渠道

渠道可分为直接渠道与间接渠道。

渠道具有以下的功能：

- 帮助客户购买公司的商品或服务
- 帮助公司配送商品给客户，为客户提供售后服务
- 帮助客户评估公司的价值提案
- 提高目标客群对公司商品的知觉

思考焦点包括：

- 客户希望透过何种管道被接触？
- 哪些渠道最有效？
- 渠道要如何整合？

以创造最高客户体验、达成最佳成本效益为主要目的。

7. 目标市场

目标市场就是通过市场细分成子市场之后，企业准备以相应的商品和服务满足其需要的一个或几个子市场。

思考焦点包括：

- 重要的客户是谁？
- 公司要为哪些客户创造价值？

可以根据一般消费者共同需要或必须共同完成的重要工作（jobs-to-be-done），将客户市场细分为不同的市场区块，深入了解每个市场区块必须完成的重要工作，从中选择一个或数个目标市场客群作为设计商业模式的基础。

8. 成本

是指运作商业模式所衍生的成本。从商业模式运作所需之资源、活动、伙伴，可以推算出所需成本。成本结构分为固定成本与变动成本，而根据驱动方式可区分两种不同类型的商业模式：

① 成本驱动的商业模式（cost-driven）

聚焦于成本最低化，例如低成本的价值提案、自动化、外包。

② 价值驱动的商业模式（value-driven）

聚焦于客户利益最大化，比较不考虑成本因素，例如客制化服务。

思考焦点包括：

- 商业模式中最重要的成本来源？
- 哪些重要资源最昂贵？
- 执行哪些活动的成本最高？

9. 营收

营收来源是指公司从每个目标客群获得的收入。

营收来源有以下几种类型：

- 资产销售
- 使用服务费
- 会员费

- 租赁费
- 授权费
- 中介费
- 广告费

每一个目标客群可以有一种或多种营收来源,每一种营收来源可以有不同的定价机制。

思考焦点包括:

- 目标客群会愿意为什么价值付钱?
- 目标客群愿意付多少钱?
- 用什么方式付钱?
- 每种营收来源对总体营收与获利的贡献度?

| What- 理解 | # 现况分析（Situation）
整合营销流程 ②

知道自己公司"现况"，简单来说，就是知道自己"身在何方"（Where We Are）。

很多企业花很大力气去了解客户、比较对手，但却没有"自知之明"，喜欢"逞强斗狠"，最后落了个以卵击石，为人作嫁，主因都出在对自己及现况没作出系统化的了解。

现况分析必须使用一个很重要的工具，叫作SWOT分析。

根据外部重要情报分析，清楚界定目前所面临的外部机会（O）与威胁（T）；而当企划愿景与使命完成后，必须进行企业内部情报搜集，并考虑与竞争对手比较，界定企业内部的优势（S）与劣势（W）。如此的统整内外情报，便是所谓的SWOT现况分析。

以下把内部因素及外部因素作一个详细说明：

一、内部因素（SW）

属于公司内部可控因素，泛指公司关键能力、关键资源，例如公司形象、企业文化、品牌、市占率、产品、价格、渠道、促销、专利、核心技术、人员素质及售前售后服务……分析者必须将以上的项目列出，且与竞争对手比较，分别决定出公司的优势（Strength）或是劣势（Weakness）。必须特别注意的是，所谓的优势与劣势是相对的，假设你公司的产品是两天完修，你觉得不够好，但主要竞争对手都要修三天以上，那么你反而是优势；相反的，如果你的竞争对手一天完修，你在这个项目就真的处于劣势了。

065

二、外部因素（OT）

属于公司不可控的外部环境因素，例如PEST大环境趋势情报、产业五力分析情报、消费者情报、竞争者情报……会影响企划提案的成败，与其相关且重要的外部因素，分析者必须决定哪些因素是属于机会（Opportunity），哪些是属于威胁（Threat）。

下表是A牌公司数字复合机SWOT简单范例，提供检视参考。

S	W
• 打印机品牌第一名 • 全系列产品内建云端及管理功能 • 管理输出服务中心 • 云端输出服务中心	• 缺乏A3数位复合机 • 耗材单张成本较高 • 数位操作界面不被接受
O	**T**
• 移动列印需求大增 • 云端列印需求大增 • 传统文件处理转为数位管理 • 打印机及影印机将进入整合管理时代	• 市场不景气 • 企业预算删减 • 平板大增，文件输出需求下滑

What- 理解

整合营销流程 ③

方针拟定（Policy）

完成SWOT分析表后，只是清楚界定出外部机会与威胁，以及内部优势与劣势，为了将SWOT分析结果与目标设定、障碍因应、策略规划、执行计划进行连结，须将SWOT分析结果转化成重要策略议题，然后再进一步做政策方针的拟定。

一、策略议题

如下表，必须进行两步骤：

1. 把SWOT的分析结果移到纵轴及横轴。
2. 在每一个象限填入相关策略议题。共分成四种策略议题：

S W O T	**Strength（优势）** • 打印机品牌第一名 • 全系列产品内建云端及管理功能 • 管理输出服务中心 • 云端输出服务中心	**Weakness（劣势）** • 缺乏A3数位复合机 • 耗材单张成本较高 • 数位操作界面不被接受
Opportunity（机会） • 移动列印需求大增 • 云端列印需求大增 • 传统文件处理转为数位管理 • 印表机及影印机将进入整合管理时代	**SO 增长型策略** • 主推管理服务及云端服务 • 整合现有印表机的主要企业客户	**WO 扭转型策略** • 反应总部赶快上市新机种 • 中小企业用低级A4以买代租 • 扭转客户成本概念 • 扭转客户"数位介面不好用"的错误刻板印象
Threat（威胁） • 市场不景气 • 企业预算删减 • 平板大增，文件输出需求下滑	**ST 教育型策略** • 教育市场，管理加上云端就是为了更省钱	**WT 保守型策略** • 列印量不高的客户，鼓励使用低级A4以买代租更精省

① SO（增长型）

自己优势（S）+市场机会（O）=增长型策略

运用优势抓住机会，放大自己的优势及市场机会。

067

② WO（扭转型）

自己的劣势（W）+市场机会（O）=扭转型策略

市场虽有商机，但却是自己的相对劣势，务必将自己的劣势淡化，开创另一种游戏规则，扭转成对自己有利的局面。

③ ST（教育型）

自己的优势（S）+市场威胁（T）=教育型策略

自己的优势，但却面临市场的负面威胁因素，最好的方法就是对市场进行教育，让负面市场转为商机，并有利于自己的优势。

④ WT（保守型）

自己的劣势（W）+市场威胁（T）=保守型策略

既然是市场威胁，没有商机，刚好自己在这议题也无优势，可做一些基本型的市场响应或先不予理会。

二、政策方针

针对企划构想设定清楚的策略议题后，必须整合思考如何处理策略议题的最高政策指导原则，这项指导原则具有决策位阶的最高指导地位，又称为"企划案政策方针"。

政策方针决定了企划案未来的经营方向，指导目标的设定、对策的开展及行动计划的规划方向，是所有参与企划案规划、决策、管理与执行人员都必须清楚牢记的决策准则。

撰写政策方针，必须把握条例清楚、简明好记的原则。大体上来说，有几个重点：目标市场、策略定位、价值提案、优势资源、服务口碑、防模仿机制、风险预防。接着以上的SWOT分析及策略议题。（※参考范例为"A牌数字复合机成长企划书"）

What- 理解	# 目标设定（Objective）
整合营销流程 ④	

在确认目的、分析过现况、拟定好方针之后，接下来就必须设定想达成的具体标准，作为全体成员努力的共同目标。在这个流程会运用到两个技术工具——安索夫矩阵和成长组合分析表。

一、市场组合

市场 \ 产品	旧产品	新产品
旧市场	市场渗透 抢市占率	产品延伸 开发新产品
新市场	市场开发 开发新市场	多角经营 开发新产品，开发新市场

安索夫矩阵（ANSOFF），以产品和市场作为两大基本面向，横轴为"旧／新产品"，纵轴为"旧／新市场"，划分出四种市场组合策略——市场渗透、市场开发、产品延伸、多角经营，用来分析不同产品在不同市场的发展政策，是应用最广泛的经营分析工具之一。之所以会放在目标设定流程应用，是因为将产品线放在四个对应象限时，很容易对目标市场的设定有一个完整概念，并有助于下

一节成长组合的策略拟定。

安索夫策略的详细解说如下：

1. 市场渗透（Market Penetration）策略

此象限是旧产品及旧市场，大概所有的竞争者都进来了，所以很容易陷入红海之争，建议除了强化营销活动，另须思考改善产品、重新定位品牌，才会出现差异化，增加营收或提高市占率，例如打印机在既有打印机市场的竞争。

2. 市场开发（Market Development）策略

此象限是旧产品及新市场，针对既有产品，开发新的目标客群或市场区块，例如将产品外销到其他国家，或是在新的区域进行销售，以达成事业成长的目标，例如用打印机去开发传真机市场。

3. 产品延伸（Product Development）策略

此象限是新产品及旧市场，针对原有客群的相同需求，开发新产品取代旧产品，例如制造新功能打印机或延伸性产品，卖给旧客户，以用来作产品差异化。

4. 多角经营（Diversification）策略

此象限是新产品及新市场，同时发展新产品卖给新客户。多角经营策略可分为两种形态：

①**在相关产业的多角化**

具备相关的产业市场经验，例如激光打印机厂商制造新的高速喷墨打印机，进入印刷业领域，二者都属于输出相关市场。

②**不相关产业的多角化**

不具备相关的产业市场经验，例如激光打印机厂商转投资手机生产。

从企业发展的阶段性成长角度，必须平衡考虑风险与成长的关系，策略选择次序应以低度风险的市场渗透策略为优先，其次是中度风险的市场开发与产品延伸策略，当然有时若旧产品、旧市场进入红海时，也许就该好好开发新产品或新市场。多角经营策略则属于高度风险的策略选项，为了降低风险，采取此策略时，可以采用从核心能力往外扩展延伸的多角化方式，有效降低多角经营的风险。

二、成长组合（Business Mix）

看完了安索夫市场组合，接下来才是真正的目标设定。我在外企工作期间，每半年得作一次目标设定，都要花很多时间跟国外"谈判"，国外总是要"压榨"我们，逼我们拿高成长目标，而我们总是要对国外"装死"，希望拿个低一点的目标，彼此就在尔虞我诈中你来我往的鸡同鸭讲……后来我就自己设计了一个讨论表格（成长组合分析表），以前要讨论3小时的东西，只要花30分钟就可以谈完，谁也不用欺骗谁。

因为外部市场规模有公开的市调公司提供，而公司内部有当年的营业额、获利率及市占率数据，只要专注在明年的成长率、市占率及相关策略，营业额业绩目标自然就会跑出来，而获利目标就看明年需要在这产品线取得多少毛利贡献，这样整个目标设定就完成了。

产品	市场（外部 市调）			公司（内部 设定）								主要策略
	规模（亿）			营业额（亿）			获利率（%）			市占率（%）			
	今年	明年	成长率	今年	明年	成长率	今年	明年	成长	今年	明年	成长	
A	10.0	9.0	-10%	5.0	5.0	0%	15%	20%	5%	50%	56%	6%	市场渗透
B	5.0	5.0	0%	2.0	3.0	50%	6%	7%	1%	40%	60%	20%	开发市场
C	5.0	8.0	60%	3.0	6.0	100%	5%	6%	1%	60%	75%	15%	开发市场
D	10.0	9.0	-10%	1.0	2.0	100%	5%	6%	1%	10%	22%	12%	产品延伸
E	0.1	1.0	900%	0.1	2.0	2122%	20%	20%	0%	100%	100%	0%	多角经营
加总	30.1	32.0	6.3%	11.1	18.0	62%	10%	12%	2%	37%	56%	19%	

▲成长组合分析表

1. 产品：公司 BCG 的投资产品组合。

2. 市场：外部信息来自于具有公信力之市调公司（IDC、Gartner、GFK……）。

3. 公司：目标设定逻辑要以谈到营业额及市占率有成长为最佳。如果市场萎缩，目标设定更是至关重要。谈太高，根本做不到，等着天天被修理；谈太低，就养不起人。最好的解法是控制到公司跌幅比市场跌幅低，也就是市占率保持成长，也许业绩目标并没有成长，这或许是比较合理的目标设定。

	What- 理解
	整合营销流程 ⑤

障碍因应（Barrier）

这里所指的障碍，是指现况与目标之间存在的落差，我们得分析问题背后的真正原因，并提出相关对策。譬如将 A 牌数字复合机的障碍分析如下表：

	问题	原因	对策
数位复合机	客户使用习惯转移不易	使用者习惯传统类比介面已几十年	说服客户数位介面是以后趋势
	单张成本无法竞争	碳粉匣车本太高	不谈价格，只谈价值
	没有 OA 渠道	过去没在影印机领域活动	开始招募 OA 渠道
	产品线不够齐全	找不到愿意配合的厂商	积极寻找愿意配合之厂商

一、列出问题

要达成设定目标，第一步便是列出现况与目标之间的重大问题。如上图就是先列出所有可能问题，再用投票表决出重大性之排序。

二、分析原因

小孩发烧不是原因，只是问题，重点是要找出产生问题的原因。经营事业也是如此，找不到病因（原因）便无法对症下药。分析相关工具可使用鱼骨图、亲和图（KJ 法）、关连图等肇因分析工具。

三、提供对策

找到真正的原因之后，便是要提供问题与原因的相关对策。

What- 理解 策略规划（Strategy）
整合营销流程 ⑥

走到这个流程，所谓的策略，就是进一步用营销手法将市场作一个细分、选择与定位，然后再展开最后的执行方案。

或许有人会纳闷，前面好几个流程都曾提到"策略"，从第一流程的企划概念、商业模式，第三流程的策略议题、政策方针，第四流程的市场组合——安索夫矩阵，第五流程的提供对策，进行到这个流程谈的是STP策略，后面第七流程又有4P策略，这之间到底哪一个是真正的策略？彼此又有怎样的关联？

我的回答是：企划概念及商业模式指的是"经营愿景"，策略议题、政策方针指的是"策略准则"，安索夫矩阵指的是"产品及市场组合"，障碍对策指的是"落差补平"，STP指的是"营销战略"，4P指的是"营销战术"。虽然都说是"策略"，但各流程中的策略定义及内涵各有不同，值得读者细细品味。

在此流程中，焦点是要认知在同一市场里鲜少有商品或服务可以满足所有顾客；换言之，并非所有顾客愿意购买相同的商品或服务。因此，必须将市场与客户进行分类，异中求同，找出某一类市场的客群作为目标客群，设法比竞争对手更能满足特定客群的特定需求。整个过程包含市场细分（Segmentation）、选择目标（Targeting）与找到定位（Positioning）三个面向，这个程序称之为STP市场定位。

一、市场细分（Segmentation）

即透过各式细分变量，从大众市场中有效定义个人或组织共同之特性，将其归纳为不同族群的分众市场。有效的市场细分，不仅能帮助企业挖掘未被满足的市场机会，方便找出有利的目标市场，为目标顾客量身打造独特的营销组合，满足其特定、未被满足的需求，以创造差异化的竞争优势。

市场细分的形态可分为消费市场与商业市场两大类。

1. 消费市场

通过四个基本（常用）细分变量来找出市场细分。

●**地理**：都市化程度（都市／乡村）、区域（北／中／南）、气候（寒带／热带）、语言（英语系／非英语系）

●**人口**：年龄、性别、所得、婚姻、教育程度、家庭人数、职业

●**心理**：个性（积极／被动）、生活形态（时尚／休闲）

●**行为**：寻求利益、使用频率、采购时机、品牌忠诚、重要工作

2. 商业市场

顾客是企业，市场细分以企业为着眼点，分别以宏观市场细分（企业基本资料）及微观市场细分（企业组织运作）。

①宏观市场

●**企业规模**：单位人数达1,000人以上为大型、100～999人为中型、0～99人为小型（也可用营业额来分）

●**行业别**：如金融业、服务业、制造业、国家机关等，或依属性再细分金融业为银行、保险、证券

●**地理位置**：如台湾北部、中部、南部、东部及离岛

②微观市场

●**种类**：分为新购合约或续购合约

●**方式**：分为集中采购或个别采购

●**准则**：分为择廉或择优，一般国家机关属于前者

●**流程**：分为竞标或议价，一般国家机关属于前者

有效的市场细分必须符合下列五个条件：

③明确性（Specific）

可以明确界定细分范畴，以量化呈现市场规模或产值，市场具某种程度规模或相当的获利。

④**衡量性（Measureable）**

是指市场细分的特征到了可以被辨识和加以评估的程度。

⑤**反应性（Actionable）**

是指每一个市场细分，必须对厂商的不同营销策略有不同的反应；换句话说，如果不同的市场细分，对不同的营销策略有相同的反应，这个市场细分就是失败的。

⑥**持续性（Retainable）**

市场细分会不会因为时间过去而消失？这也是营销人员在市场细分时必须考虑的因素，如果细分的耐久性不够，恐怕无法作出有效的营销方案。

⑦**触及性（Tangible）**

市场细分要奏效，营销人员务必要很贴近市场，深入去探察每个细分的反应。如果无法贴近市场，触及市场，那么这个细分便无法有效操作，也就失去了细分的意义。

二、选择目标（Targeting）

完成市场细分后，紧接着要选择目标，评选出一个最具市场吸引力（包括有获利、具规模、高成长、低风险），与竞争对手有差异化，并且符合企业本身的愿景、优势或核心能力（关键资源、关键能力、关键伙伴）的市场区块作为目标市场。选择目标市场的主要用意，在于如何有效让目标顾客快速接受厂商想要提供的商品。

很多不懂营销的人，总喜欢"宁可错杀一百，不想放过一人"的大众营销。要知道一旦目标市场失焦，营销人员就不知道如何标定顾客认知的范围，也就无从了解顾客对商品的价值与利益认知，导致商品无法精准定位。

此外，目标市场也不一定要同时操作。目标市场选择的精髓在于哪一个市场区块最能发挥企业优势，尤其是新事业导入期要特别留意，等新事业累积成功经验后，再切入另一个目标市场也不迟。

一般选择目标市场的方式分为五种：1.单一性，2.选择性，3.产品性，4.市场性，5.全面性。下面先画出二维表格，以纵轴为产品（P - Product）、横轴为市场（M - Market），再依定义、特点及风险一一介绍。

1.单一性（单一产品／单一细分）

	M1	M2	M3	M4
P1				
P2				
P3	■			
P4				
P5				

①定义

企业将目标和资源放在某一特定细分，也就是所谓的利基市场（Niche market），通常是新产品刚刚导入，或是某种需要特殊核心能力才能运作的市场细分。

②特点

由于营销资源集中在某一块市场，公司比较容易做深入的了解与经营，而专注的操作，通常会呈现集中化的优势与收益。

③风险

因为只单独操作一个特定细分,如果经营不如预期,公司会马上进入紧急状态。此时若要再启动另一个市场细分,会需要一段时间酝酿,也必须有充足的资金才行。

2. 单一性(单一产品／单一细分)

	M1	M2	M3	M4
P1	■			
P2				
P3		■		
P4				■
P5				

①定义

企业以不同产品进入不同的市场细分,并在上面发展不同的营销策略,最经典的例子——宝洁公司(P&G),生产许多洗发水品牌,包括海飞丝、沙宣、潘婷跟飘柔等,每一品牌皆有其不同的产品市场定位与细分,其中海飞丝被定位为去头皮屑的洗发水。

②特点

此种方式可分散经营风险,如果加上营销手法及定位正确,会让每个营销细分都呈现获利。

③风险

若选择方式过于散乱,水平产品专业及垂直市场专业不易聚焦,营销操作多元且复杂,当然比较不易收到整体综效。

3. 产品性（单一产品／全部细分）

	M1	M2	M3	M4
P1				
P2				
P3				
P4				
P5				

①定义

指企业在某一产品线，供应给所有的市场，不用作细分。一般比较大众化的商品，会有这样的营销操作模式，例如黑白激光打印机，从个人家用到中小企业、大型企业、国家机关都可适用。

②特点

在选择到的产品线会有很高的产品优势及辨识度。

③风险

只专注于制造某些产品，风险自然也在其中。

4. 市场性（全部产品／单一细分）

	M1	M2	M3	M4
P1				
P2				
P3				
P4				
P5				

①定义

企业为某一客户群，提供各种产品，以满足其不同的需要。譬如一个跑车俱乐部，厂商除了卖跑车给这些企业精英之外，还可以贩卖高尔夫球证、职场高级管理训练、代办出国旅游……简单地说，就是满足精英们可能从事的各种相关活动。

②特点

在选择到的单一市场细分，产品线全部进驻，就有机会取得该市场的主导地位。

③风险

只专注经营某块市场，万一市场突然紧缩，就会陷入经营窘境。

5. 全面性（全部产品／全部细分）

	M1	M2	M3	M4
P1				
P2				
P3				
P4				
P5				

①定义

指企业有足够的产品、足够的资源，涵盖整个市场的不同需求。

②特点

由不同的产品线，针对全市场作差异化营销，较易取得全产品及市场的主导地位。

③风险

通常只有规模大的公司才做得到，小公司或资源不足时，不可做这种全面性的投资。

三、找到定位（Positioning）

细分出市场，完成目标市场选择，接下来就是要对选出的目标市场作定位声明。

企业必须设法提出有别于众多竞争者的差异化竞争优势，让目标顾客能够察觉、辨识，并将商品、品牌或企业本身深植于心中，成为对目标顾客有意义且独特的认知。

简单来说，商品定位就是企业以目标客群认知为轴心的差异化竞争优势陈述，又可称之为"商品的独特价值提案"或"独特卖点"。

一个有效的商品定位，必须同时具备能满足目标客户的重要需求、与竞争对手有清楚的差异化、能够凸显公司的竞争优势等三个要件，也就是要找**"客户要的，对手没的，自己强的"**。

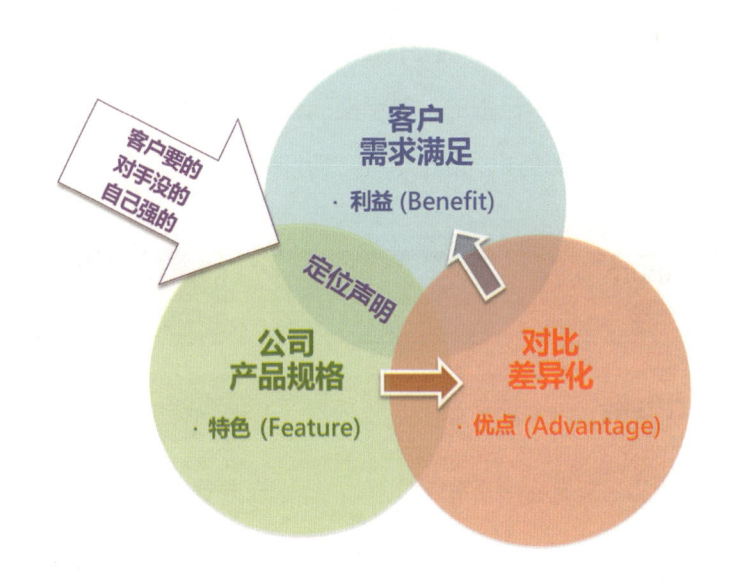

在实际应用时，我会以 FAB 的定位程序来辅助：

1.Feature（特色）

第一个步骤就是把商品的主要规格写下来。在某些情形下，特色不一定只是列出规格，也可以加入服务、解决方案及一些与产品相关的关键特色。此步骤比较像是"What"的层次，就只是列出"有什么"，重点是要找出"自己强的"。

2.Advantage（优点）

第二个步骤就是把特色转为优点。特色是一个产品的层次，优点则会进到使用层次，做一些体验感知的加强，可说是一个"How"的层次，讲的是"做什么"。另一个重要工作是，同时要跟主要竞争对手做出比较及寻找差异性，找出"自己强的，对手没的"的优点。

3.Benefit（利益）

第三个步骤就是把优点转为客户利益。可以说从产品、竞争，进入到客户感知的层次。要知道客户才是王道，如果客户不买单，一切都是多余。此步骤是一个"Why"的层次，讲的是"为什么"，客户为什么要买你的产品？他可从中取得或感受到什么样的利益？或解决了什么样的痛点？所以要延续之前的"自己强的，对手没的"，变成"自己强的，对手没的，客户要的"。

下图以 A 牌多功能事务机为例，示范说明 FAB 的三个步骤：

Feature 特色	Advantage 优点	Benefit 利益
自己强的	对手没的	客户要的
将公司产品的主要特色列出	1.将产品特色转为使用上的优点 2.标色处为对手没的	1.将使用上的优点转为客户利益 2.标色处为对手没的+客户要的
体积小	不占空间	省空间
智慧驱动软体	自动装机	省时
瞬间启动	列印迅速	省时
自动开机关机功能	自动休眠	省电
手机列印	手机直接列印，行动新趋势	行动
云端列印	网际列印，云端新趋势	云端
网络管理	可管理印表机之使用状态	管理

定位

①**列出产品特色**

列出 A 牌多功能事务机主要产品规格及特色。

②**把特色转为优点**

标出对手没有的，打印迅速／自动休眠／手机直接打印／行动新趋势／网际打印／云端新趋势。

③**由优点转为利益**

选出客户要的，客户虽然也爱省时省钱，但如果不是"自己强的，对手没的"，就不会纳入定位声明，所以最终剩下行动／云端。

综合以上的 FAB 定位步骤，接着要进行的是定位声明，在此也提供一个知觉定位图、定位声明及 Slogan 给各位参考。

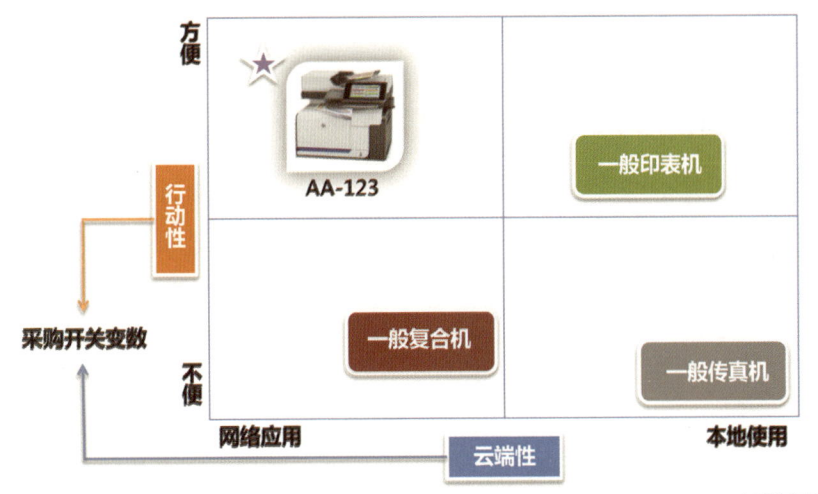

▲知觉定位图

以这个例子来说，定位声明如下：

针对（中小企业）

（A 公司）（AA-123 机种）

是提供（行动化、云端化）的（多功能事务机）

（Slogan：行动自如，漫步云端，买得起的好质量）

083

用一张表格完成 STP 流程

1.Segmentation 市场细分 用商用规模来区分

策略规划（STP）

产品线	Segmentation(区隔) / Targeting(目标)				Positioning(定位)	
	个人家用	中小企业	大型企业	公家机关		
黑白雷射打印机	V	V	V	V	品质，稳定	买得起的好品质
彩色雷射打印机		V		V	管控，输出	
多功能事务机		V			行动，云端	
数位复合机			V		网络，管理	

2.Targeting 选择目标 用选择性的市场涵盖方式

3.Positioning 找到定位 用FAB来导出最佳定位

1. Segmentation（市场细分）

因为打印机是一个很普及的产品，且与公司人数及打印量有关，所以我在这边选择了商用规模来作为市场细分。

2. Targeting（选择目标）

列出所有的产品线，由于产品策略的不同，且资源有限，所以作全面性的操作机会不大，这样看来，就会使用选择性的市场操作，较为合理。

3. Positioning（找到定位）

使用前面所说的 FAB 方法，坚守"自己强的，对手没的，客人要的"的原则，为每一条产品线找出个别定位。特别要提的是，除了每一条产品线需要找出定位之外，从总体操作的角度来看，也需要给一个总体定位，一般我们称为定位大伞。

What- 理解

整合营销流程 ⑦

执行计划（Tactics）

由策略进到执行，就是一个由战略进到战术的铺排动作。在这个流程，我们所运用到的就是所谓的 4P 营销组合。或许有些读者曾在很多地方看过不只 4P，甚至已经到了 9P，但本书既然是以简单易懂为出发点，我想就 4P 本质来讨论，应该会是一个较为快速有效的切入方式。

4P 营销组合指的就是 Product（产品）、Price（价格）、Place（渠道）、Promotion（促销），介绍重点如下：

一、Product（产品）

广义而言，任何能满足目标客群的需求或利益者，包括实体商品与非实体的服务，甚至无形的理念或价值观等，皆可称为产品。产品战术是 4P 营销组合的核心，是生产者与顾客交易的中心，生产者通过产品来满足顾客需求以获取利润。

当进入产品战术设计时间时，必须参考前阶段已完成之企划概念、商业模式、政策方针、障碍对策与 STP 营销策略等流程，采取最适切的战术，界定完整的产品概念，以进行产品设计与开发任务。

完整的产品种类包含以下三个层次：

1. 核心产品

又称核心利益，承接自商品定位。例如：A 牌激光打印机→买得起的好质量。

2. 有形产品

又称实际商品，包含品牌、功能、外观、包装。例如：A 牌激光打印机。

3. 延伸产品

又称附加商品，包含外围配件、安装、保修、服务等。例如：A 牌激光打印机墨粉盒、走纸匣、到家组装、三年保修等。

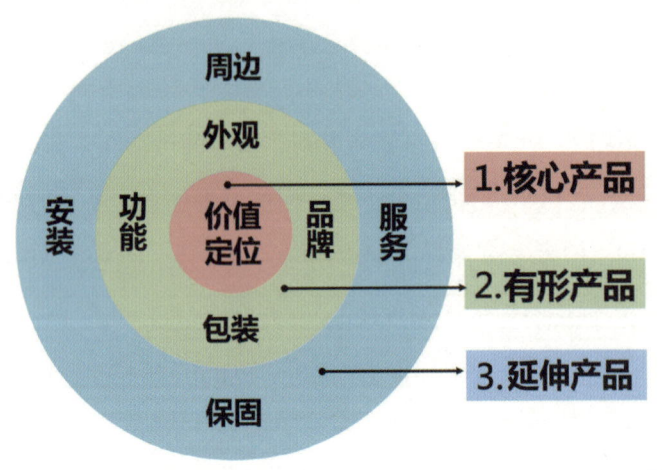

▲完整产品示意图

在操作产品的营销策略时，除了之前的BCG投资组合、ANSOFF市场组合，真正进入细部操作，莫过于产品生命周期管理（Product Life Cycle Management），企划人必须认知到每个商品都有一定的生命周期。一般而言，产品生命周期可分为四个阶段：

①导入期

新商品刚导入市场，此阶段的目标是努力创造商品知名度，向目标客户沟通商品的利益。这个时期的特征是只有少数大胆的创新购买者（约占总顾客数2.5%）会成为第一批购买者，此时市场上的竞争者非常少，销售量与获利都低。

②成长期

导入期发展顺利的商品逐渐进入下个阶段的发展，称为成长期。透过创新购买者的口碑，吸引数量较多的早期使用者（early adopter purchasers，约占总顾客数13.5%）开始购买，此时竞争对手开始加入市场，销售量快速增加，获利也逐渐成长。

③成熟期

成长期顺利发展后将逐渐进入商品的成熟期，中间大量的消费者（middle

majority customers，约占总顾客数 68％）加入采购行列，实力不足的竞争对手被迫退出市场，市场竞争强度开始下降，此时商品将产生高营收与高获利，为公司带进大量的现金流，但这时候获利虽然成长，但是未来成长率却逐渐下降。

④衰退期

商品经历成熟期后逐渐步入衰退期，因大部分消费者的偏好逐渐改变，市场出现创新型商品逐渐取代公司旧商品的市场地位，这时只有落后型消费者(laggard customers，约占总顾客数 16％）会购买商品，大部分的竞争对手都已退出竞争，商品的营收与获利同步大幅衰退。

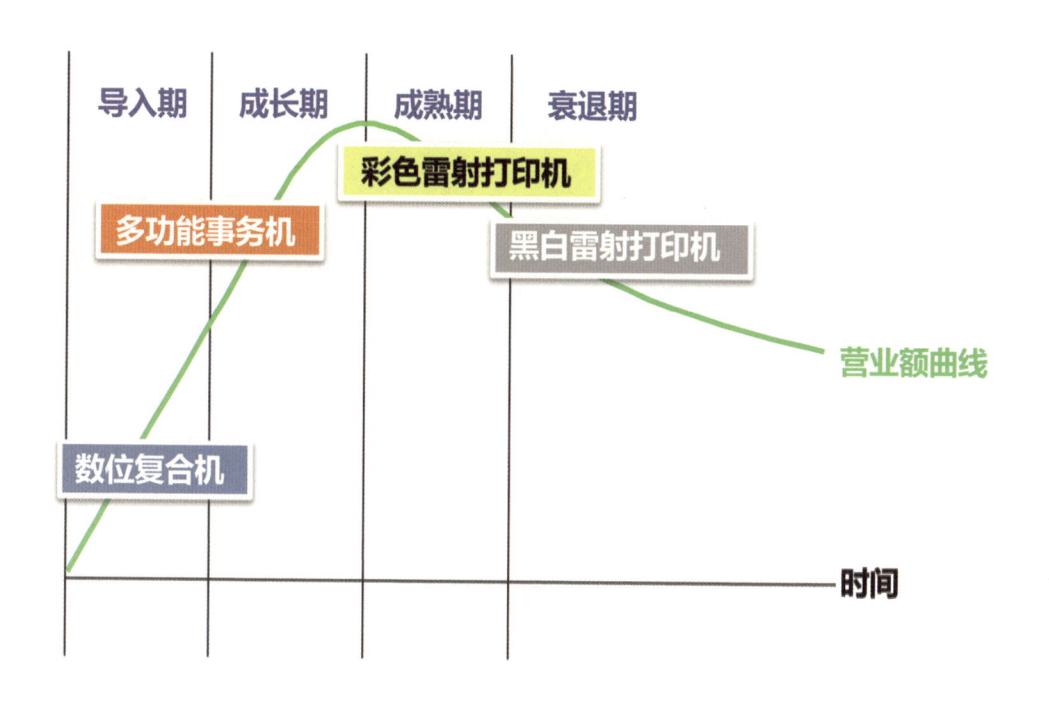

PLC 产品生命周期

如下表，我把整个产品生命周期的关注焦点，依据实务经验完整记录下来，以作为读者营销操作之准则。

产品生命周期		导入期	成长期	成熟期	衰退期
市场特性	周期比例	2.5%	13.5%	68%	16%
	顾客类型	创新者	早期者	中间大众	落后者
	竞争者	少	增加	最多	下降
策略思考	策略焦点	技术	成长	标准化	安全
	行销焦点	打开知名度	市占率极大化	获利极大化	减少支出
	市场操作	打开市场	扩充市场	保持市场	转换市场
生意规模	销售量	低	快速成长	缓成长	负成长
	获利率	负	上升	最高	低或无
产品管理	产品策略	基本品	改良品	差异化	合理化
	品牌策略	认知	偏好	忠诚	选择
价格管理	定价策略	吸脂	渗透	竞争	停损
通路管理	经销商策略	渗透	吸收	管理	照顾
	使用者策略	试用	口碑	服务	品牌

二、Price（价格）

价格相较于营销组合其他元素，是唯一创造实际营收者，也是最有弹性且最具挑战性的元素。对顾客而言，价格是生产者加诸于产品价值的最直接感受。

企业的定价目的，必须以达成营销目标为最高指导原则。简单来说，最好的售价就是客户可以接受的最高价格。

谈及价格，有两部分要讨论：

1. 定价策略

可分为吸脂定价、渗透定价、竞争定价、停损定价四种方式，简单整理表格如下：

定价策略	目的	特性	时机
吸脂	树立品牌 高利润以回补行销成本	高价 高利少销	导入期 领导品牌 寡占性强
渗透	快速成长 迅速提高市占率	中低价 扩大市场	成长期 后进市场者
竞争	稳定市场 保护市占率 无差异化不存在	低价 薄利多销 面对竞争	成熟期 大量竞争者
停损	减低风险 安全转移	合理价 安全收尾	衰退期 竞争者离开

定价策略是很难拿捏的部分，大部分的人都会在紧张怕输的状况下，轻易地就把价格让了出去。在此给大家一个很有趣的试算，看完一定让你惊醒！假设此交易利润是10%，当你售价只降5%时，却得卖2倍的台数，才能赚进一样的毛利。因为你让出去的，就是你原本可得的毛利部分。

由此我们就能体会，为何有人说"做生意的是徒弟，收钱的是师父"，只要被倒一笔债，就得用好几十倍的生意补回，当你在经营这几十倍生意的时候，其实也隐含着更多的成本及风险，这样的财务概念务必要深植心中。

	售价 100	售价 95	状况
售价/台 A	100	95	降5%售价
总台数 B	150	300	2倍总台数
成本/台 C	90	90	成本不变
营业额 D=B×A	15,000	28,500	1.9倍营业额
总成本 E=B×C	13,500	27,000	2倍总成本
总毛利 F=D−E	1,500	1,500	总毛利没变

2. 价值曲线

另一个关于价格的议题，就是所谓的"价值曲线"，这个概念在我当产品经理期间非常受用，因为一个产品经理很可能不只看单一产品，价值曲线除了能够看出自己的全部产品价格定位是否合理（在同一条在线），也可以很快看出自己与竞争对手的相对位置，若是在不利的位置，就必须重新定位，拉高价值，或降价以抵抗竞争对手。如果是领导品牌，最佳方式是采取前者的做法。

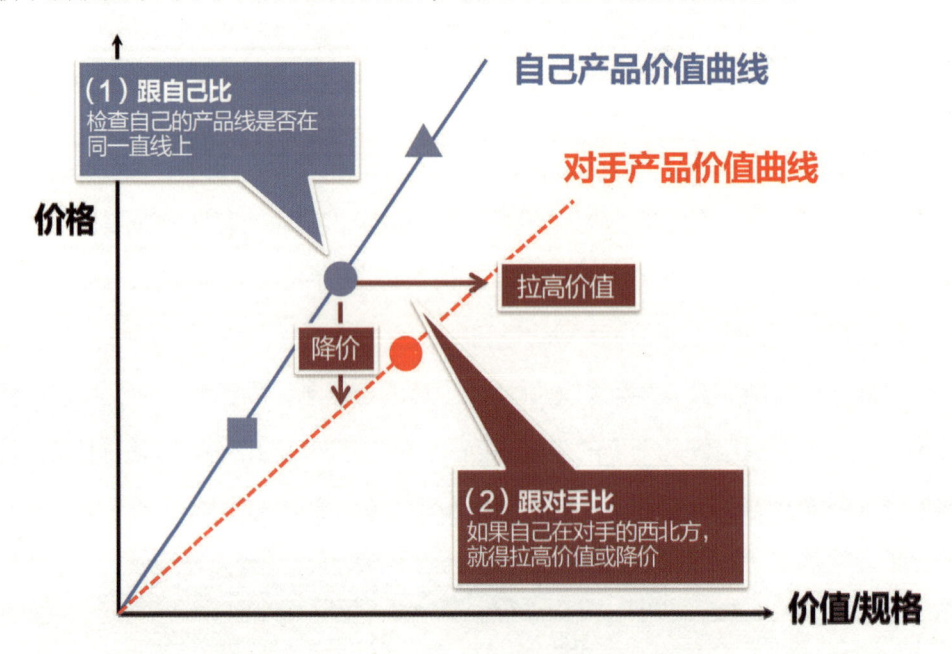

（1）跟自己比
检查自己的产品线是否在同一直线上

自己产品价值曲线

对手产品价值曲线

拉高价值

降价

（2）跟对手比
如果自己在对手的西北方，就得拉高价值或降价

价格 / 价值/规格

三、Place（渠道）

一般而言，渠道泛指经销商；广义来说，渠道也可说是整个从原厂制造商→经过经销商→到达终端用户，所需要通过的路径。

过去我在作渠道规划或是渠道的业绩设定时，大脑第一时间就会飘出次页这一张图，这张渠道管理架构图只要一出现，答案就已经全部现形。

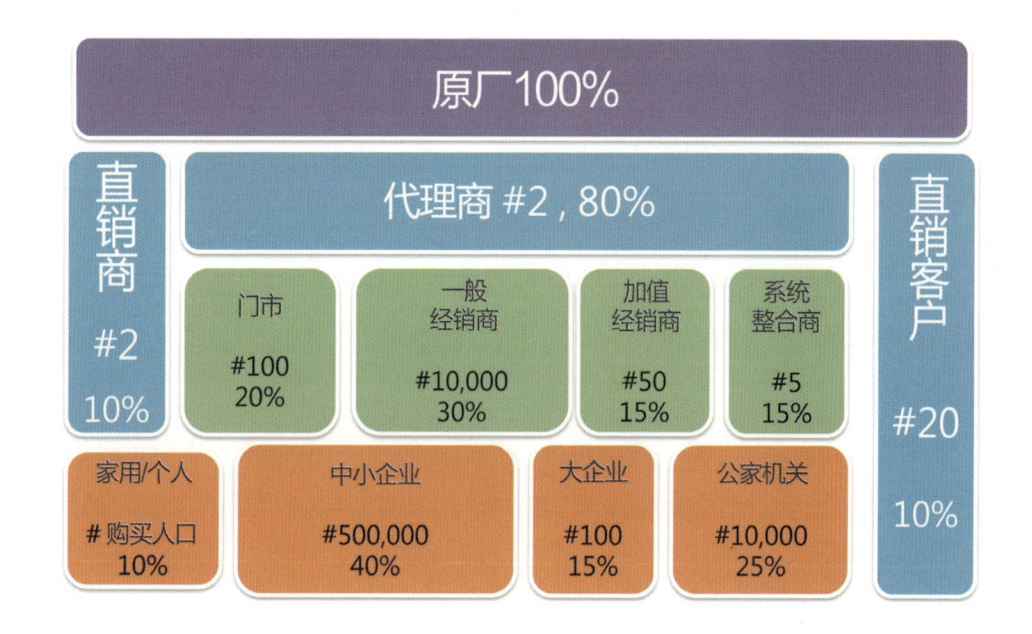

```
                        原厂 100%

直           代理商 #2, 80%                    直
销                                              销
商    门市    一般      加值     系统            客
#2          经销商    经销商   整合商           户
     #100   #10,000   #50      #5            #20
10%   20%    30%      15%     15%
     家用/个人   中小企业    大企业    公家机关       10%
     #购买人口  #500,000    #100    #10,000
       10%       40%       15%      25%
```

这张图每一个颜色区块代表一个类型，"#"代表渠道家数，"%"代表占整个原厂营业额比例，每一层由左到右加起来都是 100%。

整张图共分为四个层次：

1. 原厂

这是第一层，泛指所有的品牌制造商。

2. 代理商／直销商／直销客户

这是第二层，也就是直接跟原厂有财务交易的一层。

● 代理商：一般又称为配销商，是所有经销商的配销者。

● 直销商：跟代理商一样，直接跟原厂有财务交易，但直销商是直接面对客户。

● 直销客户：跟原厂有直接财务交易的用户，一般以大型企业为主。

3. 经销商

这是第三层，大部分的经销商都会落在这个地带，也就是跟代理商有直接交易，但与原厂算是间接关系的一层，一般又可分为四种类型：

●门市：指的是一些 3C 渠道、电子门市、超市量贩及虚拟 On-Line 渠道。

●一般经销商：指的是一般大众经销商，一般会专注在中小企业的经营。

●加值经销商：指的是有能力把原厂产品再加上自己解决方案或服务的经销商，一般会专注在销售大型企业的整合性需求。

●系统整合商：指的是以经营公家机关为主的大型标案者，这类公司需要有很强的财务背景、服务能力及整合能力。

4. 使用者

就是终端用户。以规模大小，可分为家用／个人、中小企业、大型企业及公家机关；以产业类别，可分为金融、证券、银行、寿险、电信、制造、运输、医疗、学校、军方、公家……

四、Promotion（促销）

在开始谈促销之前，我想先跟大家一起来定位几个名词,看大家是否搞得清楚,并找出其中的相互关系。

我在外企工作多年，到目前为止好像还没有人能完整地说清楚以下四个名词——企划（Planning）、营销（Marketing）、促销（Promotion）、活动（Program）。

从次页这张思维导图来看，一眼就可以看出：企划是整个公司的经营策略，营销是企划的执行，促销是执行的营销 4P 元素之一，而所谓活动就是促销组合中的优惠活动。

所以答案就是——

企划（Planning）＞营销（Marketing）＞促销（Promotion）

```
                产品
            价格
        渠道
    营销
(Marketing)                  1. 目的
沟通  促销
活动 (Promotion)   7. 执行              2. 现况
(Program)
                    6. 策略     企划
                              (Planning)   3. 方针
                    5. 障碍              4. 目标
```

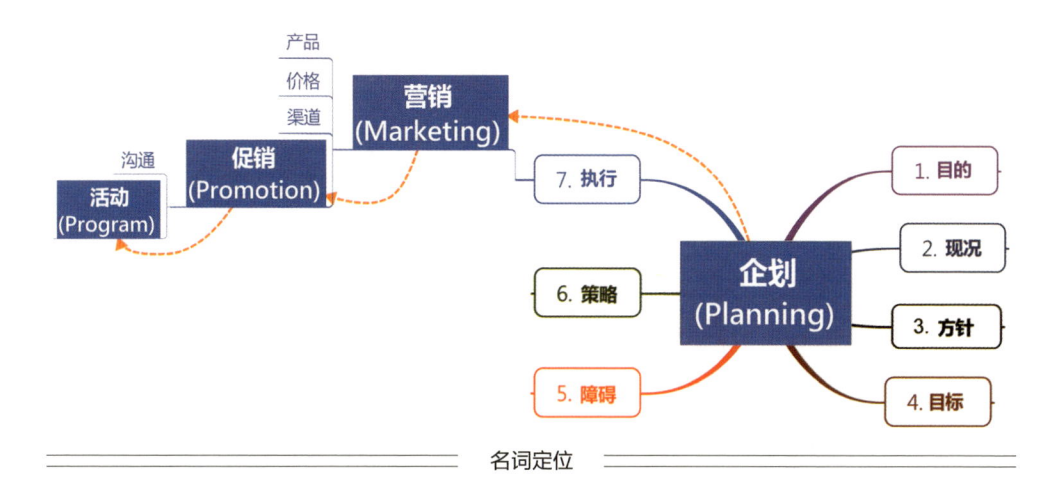

名词定位

促销（Sales Promotion）的主要目的是出清存货、打击或反制竞争者、诱导试用、刺激重复购买或拉拢游离顾客。

谈促销时，进入大脑的两件事，就是活动设计及市场沟通。

1. 活动设计

我刚接产品经理的时候，从早到晚促销活动不断，乱做一通。身为一个营销人员，务必牢记：即使只是作产品促销，仍然有设计法则可以追寻。下表"促销种类"是我多年的心得整理。

产品生命周期		导入期	成长期	成熟期	衰退期
促销管理	广告策略	认知	差异化	利益	形象
	活动侧重	使用者	使用者/经销商	经销商	不需要
促销活动（使用者）	试用机	V			
	预购	V			
	竞赛	V			
	抽奖	V			
	招待	V			
	旧换新	V			
	特惠价		V		
	折价券		V		
	分期付款		V		
	赠品（免费/加价）		V		
促销活动（经销商）	进货奖金		V		
	教育训练		V		
	服务授权		V	V	
	商机合作		V	V	
	业务奖励		V	V	

093

活动的设计应该跟产品生命周期有关，譬如有新产品上市时，不要因为竞争就急着自贬身价，应该致力于品牌或新产品的认知与推广，同时也要看看自己品牌的定位，有些领导品牌并不适合拿来降价或直接搭赠品，除非是尾盘出清，或对手实在很疯狂做促销……你可以想象买奔驰车送笔电吗？

一般活动分推式（经销商）及拉式（使用者）两种，或者是推拉并用。

使用者的活动，大致可分为三种：

1.赠品式	2.价格式	3.活动式
• 免费送 • 加价购	• 特惠价 • 折价券 • 分期付款	• 试用机 • 预购 • 竞赛 • 抽奖 • 招待 • 旧换新

经销商的活动，大致可分为五种：

1.奖金	2.训练	3.授权	4.商机	5.业务
• 进货就有 • 累积回馈 • 达成奖励	• 提升成交	• 销售认证 • 服务认证	• 电话咨询 • 展场集客 • 广告合作 • 专案支援	• 奖金 • 旅游 • 奖杯

一个促销活动的设计流程，有七个元素（5W2H）需要被考虑：

① 背景（Why）：简要叙述促销的背景及目的

② 目标（Who）：目标客群及预估生意

③ 活动（What）：对象／产品／付款方式等相关活动内容

④ 期间（When）：活动开始与结束时间

⑤ 沟通（Where）：活动所要沟通的工具与范围

⑥ 执行（How）：活动的执行 Schedule 及负责人

⑦ 预算（How Much）：整个活动的经费预算及 ROI（投资报酬率＝成交金额／预算）

2. 沟通组合

如前所述，促销最主要有两大焦点：活动本身和沟通组合。沟通之前，要先确定好沟通讯息。

沟通讯息，是指要向目标客群（Target Audience, TA）传递的"讯息内容"，也称为"沟通诉求"。营销沟通诉求可区分为"感性诉求"与"理性诉求"两种，"感性诉求"主要是说明产品如何能满足客户心理层面的价值观与主要利益，目的在于引起顾客情感的共鸣；"理性诉求"则在强调产品的功能与特色，如何能解决客户的问题。

当决定营销沟通目标及沟通诉求之后，接下来就要决定沟通管道组合。一般有下表所列五个管道，含括各种市场沟通工具：

1.公关	2.数位	3.广告	4.直效	5.人员
• 演讲	• 微信	• 平面广告	• 型录	• 电话行销
• 记者会	• 博客	• 电视广告	• 邮件	• 当面销售
• 研讨会	• 微博	• 网络广告	• 传真	• 商展推广
• 社会公益	• 百度		• 简讯	• 电视购物
• 话题报道	• 优酷			
	• Wechat			
	• APP			

我在外企工作期间很习惯设计流程及表格，喜欢把复杂的事用简单的方法表示。如下图，把所有产品放在第一栏，然后把 4P 全部排开，这张表格包含了所有营销组合 4P 元素，一目了然。

执行计划 (4P)

产品线	Product 产品	Price 价格	Place 渠道			Promotion 促销				
^	^	^	门市	一般	加值	系统	活动 (Program)	公开 (PR)	数位 (Digital)	广告 (Ads)	直效 (DM)	人员 (Sales)
黑白雷射打印机	成熟	竞争	V	V	V	V	季节促销		V		门市 DM	
彩色雷射打印机	成长	渗透		V	V	V	喷墨打印机回收计划		V		门市 DM	
多功能事务机	成长	渗透	V	V			传真机回收计划		V	V	门市 DM	
数位复合机	导入	吸脂		V			试用计划	V	V			V

本节所介绍的 4P 营销组合在职场上常会用到，它可以说是一个企划的小型缩影，次页以一张思维导图汇总，方便读者简单回顾。

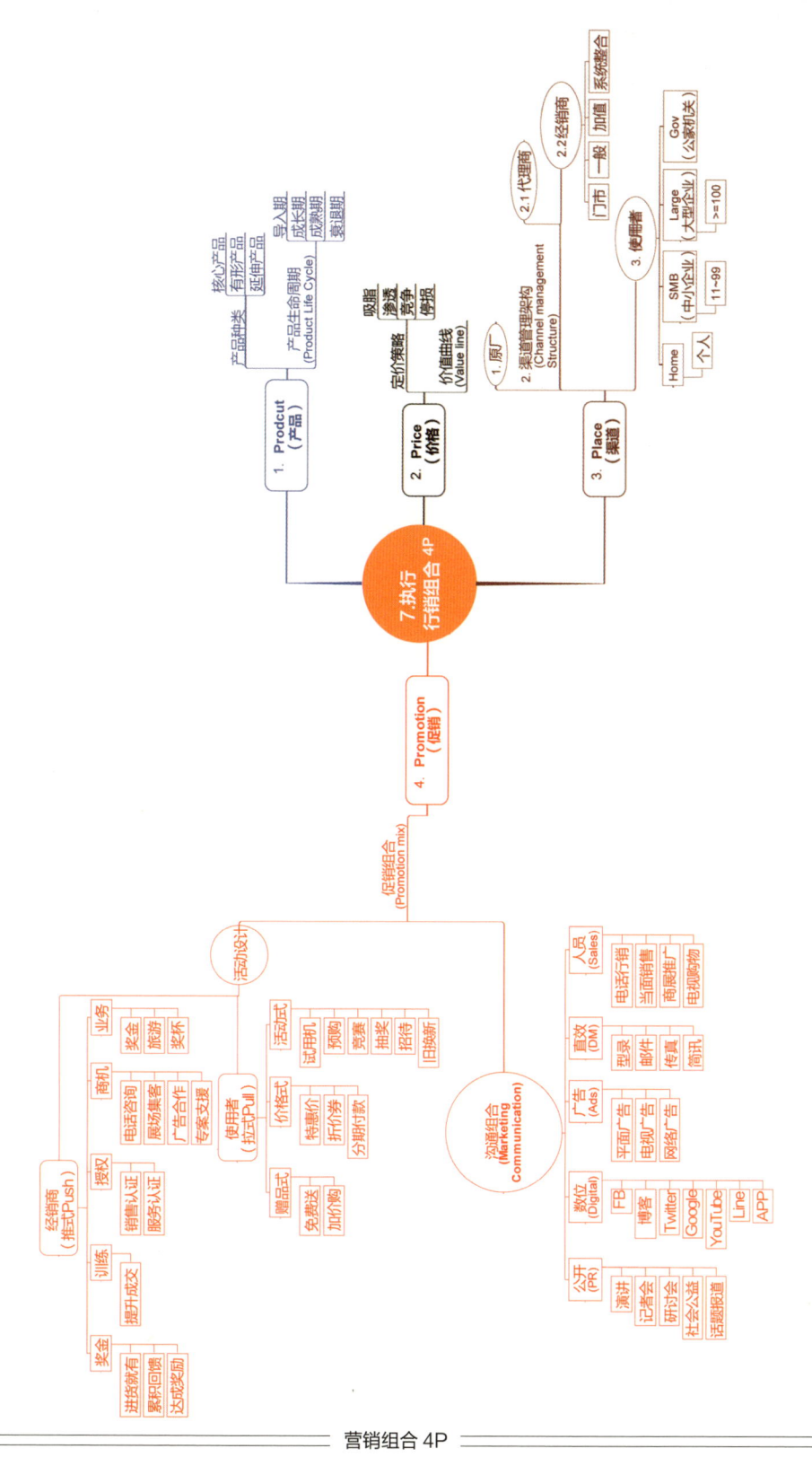

营销组合 4P

7. 执行 行销组合 4P

1. Product（产品）
- 产品种类
  - 核心产品
  - 有形产品
  - 延伸产品
- 产品生命周期 (Product Life Cycle)
  - 导入期
  - 成长期
  - 成熟期
  - 衰退期

2. Price（价格）
- 定价策略
  - 吸脂
  - 渗透
  - 竞争
  - 亏损
- 价值曲线 (Value line)

3. Place（渠道）
- 渠道管理架构 (Channel management Structure)
  - 1. 原厂
  - 2.1 代理商
    - 门市
    - 一般
    - 加盟
    - 系统整合
  - 2.2 经销商
- 3. 使用者
  - Home — 个人
  - SMB（中小企业）— 11~99
  - Large（大型企业）— >=100
  - Gov（公家机关）

4. Promotion（促销）

促销组合 (Promotion mix)

活动设计

- 活动方式
  - 试用机
  - 预购
  - 竞赛
  - 抽奖
  - 招待
  - 旧换新
- 使用者 拉式 Pull
  - 价格战
    - 特惠价
    - 折价券
    - 分期付款
  - 赠品式
    - 免费送
    - 加价购
- 经销商 推式 Push
  - 授权
    - 销售认证
    - 服务认证
  - 商机
    - 电话咨询
    - 展场集客
    - 广告合作
    - 专案支援
  - 业务
    - 奖金
    - 旅游
    - 奖杯
  - 训练
    - 提升成交
  - 奖金
    - 进货额有
    - 累积回馈
    - 达成奖励

沟通组合 (Marketing Communication)

- 人员 (Sales)
  - 电话行销
  - 当面销售
  - 商展推广
  - 电视购物
- 直效 (DM)
  - 型录
  - 邮件
  - 传真
  - 简讯
- 广告 (Ads)
  - 平面广告
  - 电视广告
  - 网络广告
- 数位 (Digital)
  - FB
  - 博客
  - Twitter
  - Google
  - YouTube
  - Line
  - APP
- 公开 (PR)
  - 演讲
  - 记者会
  - 研讨会
  - 社会公益
  - 话题报道

097

How-体验

企划实务范例
A牌数字复合机成长企划书

一、目的确认

1. 经营现况

A牌经营商用打印机市场已经有20年了,一直是处于全球领导地位,但近5年营业额却逐年下滑,平均年下滑率为20%~30%。经营如此辛苦,主要有三大原因:

① 文件输出量逐年下降:平板及手机大幅成长,导致文件输出(影印/打印)需求逐年下跌。

② 复印机攻击:复印机厂商试图用新式数字复合机(打印/影印/传真/扫描)进攻及整合打印机打印市场。

③ 竞争者攻击:僧多粥少,B牌、C牌极力想瓜分A牌原打印机市场。

相对市占率

市场成长率

明星 | 多功能事务机
彩色雷射打印机 | 问号 数位复合机
金牛 黑白雷射打印机 | A牌在影印机市场无竞争力 因为产品线不齐,单张成本太高 笨狗

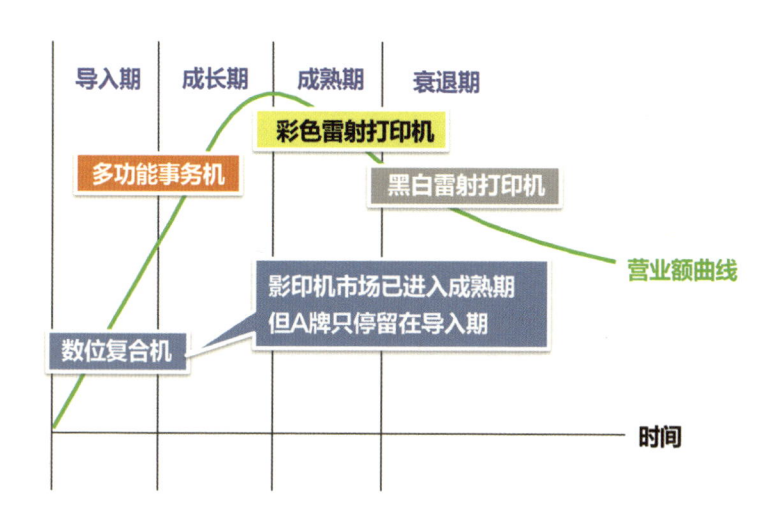

【现况】数字复合机市场规模 20 亿/年，平均年成长率 20%，市占率 5%，属于问题象限，生命周期对 A 牌来说是导入期。（对复印机厂商是成熟期）

产品	外部规模（市场）		内部营业额（A牌）	
	市场规模（亿）	平均年成长率	营业额（亿）	市占率
黑白雷射打印机	10.0	-20%	5.5	55%
彩色雷射打印机	3.5	-6%	2.0	57%
多功能事务机	7.0	7%	3.5	50%
数位复合机	20.0	20%	1.0	5%

成长关注焦点：数位复合机 ～ 市场大、成长快、市占低

【关注】此产品线符合了几个特性——市场大，成长快，市占低。A 牌应该把关注焦点放在数字复合机，并提出新的商业模式。

所以，整个企划书就是以数字复合机成长为主。

2. 情报分析

①客户分析——大环境分析 PEST

P 政治／法律情报

- 由于平板兴起，有些公司规定开会须用平板代替纸张
- 国家机关签核流程从文件传递改为数字传送
- 企业及公家机关开始约束文件输出预算（约逐年下降 15% 以上）

E 经济情报

- 景气低迷，失业率飙高，薪资停滞
- 个人或机关消费预算缩减

S 社会／人口情报

- 高龄化、少子化问题严重，2012 年已达 15.4%，属高龄社会；预估 2025 年将达到 20%，迈入超高龄社会。相反的，中国台湾的生育率在 2014 年排世界第三低，薪资已倒退到 16 年前的水平，人口减少，内需消费力自然下降，而文件输出重要性又不比计算机软硬件来得高，因此影印／打印市场会随人口结构变动迅速萎缩。

T 技术情报

- 四大趋势（云端、行动、社群、大数据）成长加剧，所有 IT 相关软硬件都必须贴着应变才能生存

②产业分析——五力分析（产业现行游戏规则／产业结构）

针对供货商：

- 上游零件供货商企图抬高引擎等零组件价格
- 零组件库存控制严谨，导致数字复合机常有缺货状况

现有竞争者：

- C 牌主打单张价格战，企图收编整个影印市场

● B 牌主打整合打印市场，并且试图收编 A 牌的渠道，给予更高毛利

潜在进入者：

● K 牌试图用更低价进攻台湾中小企业低级影印市场

替代品威胁：

● 目前复印机／打印机最大替代品就是平板，而台湾的平板非常普及，所以文件输出市场逐年下降

购买者议价力：

● 因打印市场的衰退，众家争食，导致购买者议价能力变强

③消费者分析

目标客群基本数据：

● 数字复合机的目标客群就是一般民营企业

目标客群想完成的工作及面临的问题：

● 节省打印输出费用（Down Cost）

● 管控不当输出（Print Control）

● 整合打印、影印及传真等文件输出（Integration）

● 打印行动化（Mobility）

● 打印云端化（Cloud）

● 随印付费（Print on demand）

● 大型企业调查

A. 平均每个员工花费 150 小时／年寻找没有正确归类的文件。

B. 多数的公司都可以有效减少他们的打印成本 10%～30%。

C. 企业每年花费约 1%～3% 的营收在输出设备相关事务管理。

D. 文件档案的相关支出，每年约占企业营收的 5%。

E. 23% 的 IT 支持服务需求都是跟打印机有关。

F. 平均同一份文件会被员工输出 19 次。

E. 一个员工平均 20 份文件就会遗失 1 份。

④竞争者分析

A 牌主要策略方向

持续经营品牌：

●虽然 A 牌不是复印机领导品牌，但可由打印机领导品牌来定位为文件输出领导品牌

锁定新市场（影印市场）：

●整个打印市场已在下滑，且竞争很激烈

●整个影印输出市场够大，仍在持续成长，是目前 A 牌还没去经营的蓝海

设计新概念：

● From Box to Service 为企业提供新服务：A 牌 MPS（Managed Printing Service）管理输出服务；A 牌 CPS（Cloud Printing Service）云端输出服务

设计新商业模式：

●找寻新合作伙伴（CPS/MPS 网站服务开发伙伴）

●找寻新渠道（OA 办公室自动化渠道）

●进攻新市场（复印机市场）

B 牌主要策略方向

持续经营复印机第一品牌

锁定新市场（A 牌打印市场）：

●跟 A 牌逆着打，A 牌从打印打影印，B 牌从影印打打印

●企图收编 A 牌既有打印渠道

关注在数字文件管理的创新

开始寻找打印解决方案伙伴

开始内部训练，企图从传统单张计算转型为解决方案模式

C牌主要策略方向

单张低价策略（每张黑白低于3毛，平均市场是单张5毛）

大量使用射出匣或填充碳粉

给予渠道伙伴高毛利

给予渠道伙伴维修及零件回馈

进攻B牌主要金融客户（中国信托、南山保险、国泰人寿、富邦集团……）

3. 企划概念

①核心概念：文件管理，精省无比；遨游云际，随处可及

②关键讯息："A牌商用输出服务"针对使用者的整合、云端、行动需求，成立A牌云端输出服务中心及A牌管理输出服务中心，以提供使用者最佳的文件管理服务

4. 商业模式

①**目标客群**：民营企业

②**提案**：文件管理，精省无比；遨游云际，随处可及（因客户要云端、要行动、要管理，但要节省成本）

③**顾客关系**：A牌CRM可发出A牌相关云端新产品讯息及活动

④**渠道**：新OA渠道（为了切入OA复印机市场）

⑤**营收来源**：硬件→数位复合机营业额；服务→CPS云端输出服务营业额、MPS管理输出服务营业额

⑥**关键资源**：A牌品牌/相关软硬件/营销资源/人力资源

⑦**关键活动**：硬件设计/新产品发表/OA招商大会；主要企业客户研讨会

⑧**关键合作伙伴**：Managed Printing Service（MPS）解决方案Partner；Cloud Printing Service（CPS）解决方案Partner

⑨成本结构：制造成本、营销成本、销售成本、CPS/MPS 解决方案开发成本、相关运作成本

二、现况分析——SWOT

1. 外部

①机会情报

● 移动打印需求大增

● 云端打印需求大增

● 传统文件处理转为数字管理

● 打印机／复印机将进入整合管理时代

②威胁情报

● 市场不景气

● 企业预算删减

● 平板／手机需求大增，打印需求下滑

2. 内部

③优势情报

● 全系列产品内建云端及管理功能

● 管理输出服务中心（MPS）

● 云端输出服务中心（CPS）

④劣势情报

● 数字操作接口不被接受，硬件价格较高

● 耗材单张成本较高

三、方针拟定

1. 策略议题

   ① SO（增长型策略）

   ● 主推 MPS（管理输出服务）+ CPS（云端输出服务）

   ● 整合现有打印机的主要企业客户

   ② ST（教育型策略）

   ● 教育市场，管理 + 云端，就是为了更省钱

   ③ WO（扭转型策略）

   ● 扭转客户成本概念 by TCO（总体成本）

   ● 扭转客户"数字接口不好用"的错误刻板印象

   ④ WT（保守型策略）

   ● 打印量不高的客户，鼓励使用低级 A4，以买代租更精省

2. 政策方针

   ① 目标市场：民营企业

   ② 策略定位：From Box → Service

   ③ 价值提案：文件管理，精省无比；遨游云际，随处可及

   ④ 优势资源：文件输出领导品牌、服务口碑佳、开发系统 MPS/CPS

   ⑤ 防模仿机制：用领导品牌优势跟解决方案 partner，签立独家合作协议

   ⑥ 风险预防：生产高速复合机

四、目标设定

1. 方向目标

   ① MPS：30 家大型企业接受 MPS 评估（On-Site Survey）

   ② CPS：1,000 台数字复合机注册入系统

2. 阶段目标

① 3 年后数位复合机市占率从 5% → 52%

② 3 年后数位复合机营业额从 1 亿 → 18 亿

五、障碍因应

1. 客户习惯

【问题】客户使用习惯转移不易

【原因】用户习惯传统模拟接口已几十年

【对策】说服以传统手机跟智能手机比较，习惯转变不是问题，提供 CPS 和 MPS 价值

2. 成本

【问题】单张成本无法竞争

【原因】墨粉盒成本太高

【对策】不谈价格，只谈价值

3. 渠道

【问题】没有 OA 渠道

【原因】过去没在复印机领域活动

【对策】开始招募 OA 渠道

4. 产品

【问题】产品线不够齐全

【原因】C 牌不愿意给 A 牌 OEM

【对策】Push 总部寻找其他厂牌 OEM

六、策略规划－STP 市场定位

1. 市场细分与选择目标

①主力：30 家，贡献＞500 万／年

② 2,000 大：台湾 TOP2,000，金融／制造／服务

③中小企业：台湾登记有案约有 50 万家

2. 找到定位

①主力／2000 大：文件管理、精省无比、遨游云际、随处可及

②中小企业：精省无比、印小失大、租不如买

七、执行计划

1. 产品战术（Product）

①核心产品

● 管理、精省、云端、行动

②有形产品

● A4 数位复合机：中小企业（＜5 包纸）

● A3 数位复合机：大型企业（＞5 包纸）

③延伸产品

● 云端输出服务（CPS）Cloud Pritning Service

● 管理输出服务（MPS）Managed Printing Service

2. 定价战术（Price）

①吸脂

● 产品：A3 数字复合机，友商中高级复合机价格偏高，故价格可跟着订高

● 目的：取代中高级影印市场（＞5 包纸／月），选择大型企业为主

②渗透

●产品：A4 数位复合机

●目的：取代低阶影印市场（＜5 包纸／月），快速成长，提高市占率

3. 渠道战术（Place）

①OA 复印机渠道：锁定 100 家（分行业／分区域）

4. 促销战术（Promotion）

①A4 复合机：以买代租／3 年免费服务／3 年交换机保固

②A3 复合机：免费健诊，提供 MPS 建议书

③沟通：A 牌 CRM ／ A 牌官网／ FB 广告／促销 DM

Chapter. 3
销售力

制胜销售流程

WSP

销售力是职场生存的核心竞争力，学会 WSP 销售流程，懂得思考"能不能赢，值不值得赢，知道怎么赢"，是销售人员的第一课！

销售力是职场生存的核心竞争力，职场上的销售人员远比营销人员还要多，所以销售人员在职场上所面临的竞争，相对要比营销人员来得多且更为直接。

我看过很多的销售课程，究其内容，大部分以强调"正面态度"及"应对技巧"为主，同时亦不断强调销售人员的必胜决心，还有要如何殷勤善待客户……

因此，大家对销售人员的印象，普遍停留在"很正面，很会推销，很会做人"的层次，认为只要能够做好以上项目，就算是个优秀的销售人员。

还记得刚成为职场新鲜人时，我的第一份工作就是销售专员，或许因为家里经营杂货店的关系，从小就耳濡目染，所以我把销售当成是贩卖一般，每当有客户询问规格，就急着跟对方报价，然后称斤论两地攀谈交情，最后结果却大多无疾而终，或是不知所以的失去订单。

之后我进入IBM、HP工作，在这种大型国际企业仍然靠着本能反应在做事，自己也没觉察有什么不对……后来有个偶然的机会，去香港参加一个策略性销售课程，却从此让我对销售的看法完全改观，做法也彻底改变。

当一个销售个案进来，我会先分析客户背景、项目需求、比较竞争对手后，再看看自己、公司的特长及资源是否能满足客户，等到整个都分析完，如果评估没有很大胜算，我便会将所有的销售动作暂缓，回到原点，静下来重新分析状况，再决定该以什么样的策略提高胜算，才会继续往前迈进。

像这种**把时间放在"能不能赢，值不值得赢，知道怎么赢"的思考，是一种机会成本的概念展现，也是销售人员的第一课。**

由于力行销售课程所学，使我的销售能力因此显著提升，除了成为项目销售的常胜军之外，自己的商业素质也从之前的"本能反应"转变为"策略主导"，而这对在外企工作17年的我，产生极大的帮助。

为了要保有一贯的思考质量，以及维持有效的内外沟通与传承，在后来担任主管期间，我试着把整个销售过程写成一个简易的流程，希望能帮助属下及经销商，在面对一个销售项目时，能迅速分析及实行，并进而取胜。我把这整个销售流程模块取名为 WSP（Winning Selling Process）制胜销售流程。

销售力黄金圈

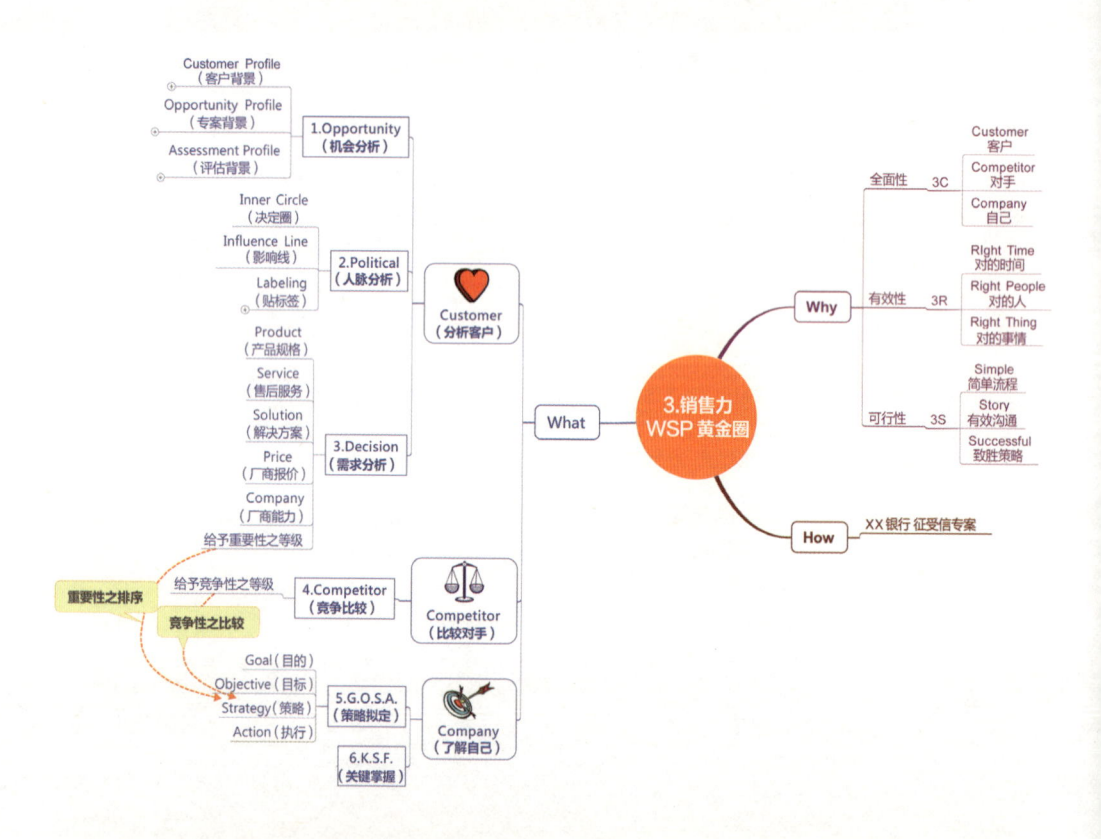

[思维导图：销售力 WSP 黄金圈]

- **分析客户 (Customer)**
  - 1.Opportunity（机会分析）
    - Customer Profile（客户背景）
    - Opportunity Profile（专案背景）
    - Assessment Profile（评估背景）
  - 2.Political（人脉分析）
    - Inner Circle（决定圈）
    - Influence Line（影响线）
    - Labeling（贴标签）
  - 3.Decision（需求分析）
    - Product（产品规格）
    - Service（售后服务）
    - Solution（解决方案）
    - Price（厂商报价）
    - Company（厂商能力）
    - 给予重要性之等级
    - 给予竞争性之等级
- **Competitor（比较对手）**
  - 4.Competitor（竞争比较）
    - 重要性之排序
    - 竞争性之比较
- **Company（了解自己）**
  - 5.G.O.S.A.（策略拟定）
    - Goal（目的）
    - Objective（目标）
    - Strategy（策略）
    - Action（执行）
  - 6.K.S.F.（关键掌握）

- **What** → 3.销售力 WSP 黄金圈
- **Why**
  - 全面性 3C：Customer 客户、Competitor 对手、Company 自己
  - 有效性 3R：Right Time 对的时间、Right People 对的人、Right Thing 对的事情
  - 可行性 3S：Simple 简单流程、Story 有效沟通、Successful 致胜策略
- **How** → XX 银行 征受信专案

Why（动机）

使用 WSP 制胜销售流程会带来以下三大特性及优点。

1. 全面性（3C）

WSP 流程是从分析客户（Customer）、比较对手（Competitor）、了解自己（Company）三大面向，作出全面性考虑的销售计划。

试想，如果你根本不了解客户背景——客户为何启动这项采购项目？项目预算多少？谁是决策者？客户需求是什么？项目时程如何铺排？目前状况如何？等等，又怎么有办法向客户提建议书？

就算完整分析出客户状况，如果不了解竞争对手，也可能会做出"帮人抬轿"的事情；而即使你已经十分了解客户及对手，若是不了解自己，或无法根据公司资源提出有效的响应策略及做法，项目也不一定会赢。所以要全面从3C（**客户、对手、自己**）来考虑，才能让自己立于不败之地，漂亮成功出击，而WSP便是一个全面性考虑的高效工具。

2. 有效性（3R）

在爱情世界里，在对的时间，遇见对的人，是一生幸福；在对的时间，遇见错的人，是一场伤心；在错的时间，遇见错的人，是一段荒唐；在错的时间，遇见对的人，是一阵叹息。

而在职场上想赢，得有3R，除了要**对的时间（Right Time）**、找到**对的人（Right People）**，还要做**对的事情（Right Thing）**，只有这样，才能将资源有效性发挥到最大。

过去我曾到一个军方单位接洽计算机采购项目，初来乍到，搞不清楚状况，拼命向一位李中校示好，还热心告诉他很多有关这项项目的讯息，事后才知道项目关键人物是位张中校，而偏偏李、张不合，为了升官争得你死我活……连客户的政治关系我都没掌握好就轻易出手，如此肤浅无知，结果当然是失败收场。

3. 可行性（3S）

WSP也具备相当的可行性，包含：简单流程（Simple）、有效沟通（Story）、制胜策略（Successful）。

因为WSP以简单流程模块出发，在对内外沟通时，以故事陈述较为有效；而在实际执行时，由于简单有效、内外观点一致，策略也易于达成共识，结果自然容易取得成功，总体可行性大大提高。

以前我曾经对我的老板问过这样的话："老板，他牌打印机报价800万，我们目前报价是1,300万，请问要不要拼？"而老板听完后，不仅对我摇头，还显得面有难色。

学了WSP之后，我终于知道老板那时为什么摇头。后来我跟老板的对话变成这样："老板，客户年底要建立银行征授信系统，打印机也要汰旧换新，总共需要 A3 黑白 500 台，预算约 1,000 万，他牌用低价策略报价 800 万，我打算说服客户植入网管系统，降低总持有成本，目前我已经掌握项目负责人陈科长，只要给我一个专属工程师及测试机，我预计年底可以 1,000 万赢下这案子，并完成交机验收！"

这段话里面包含了客户预算、关键人物、客户需求、项目时程、竞争对手、目前情况、响应策略、支持请求，自然赢得老板的激赏与支持。日后我成为主管之后，每次只要有员工来跟我谈事情，我也总是要求他们先作 WSP 流程，唯有如此，沟通才会有效，项目也才会成功。

What（理解）

WSP 制胜销售流程的架构，大体来说涵盖三大面向（客户、对手、自己）和六大流程（机会分析、人脉分析、需求分析、竞争比较、策略拟定、关键掌握）。整个项目销售是在你（客户）、我（自己）、他（对手）的三角关系中运作，所以由这个三角关系来切入思考，并演化展开为六大流程，就已取得完整的思考架构，细节部分在后续章节会进一步解说。

How（体验）

开始用 WSP 流程后，我马上赢了一个 XX 银行的案子，这个案子赢得很漂亮，就拿来当范例跟大家分享。

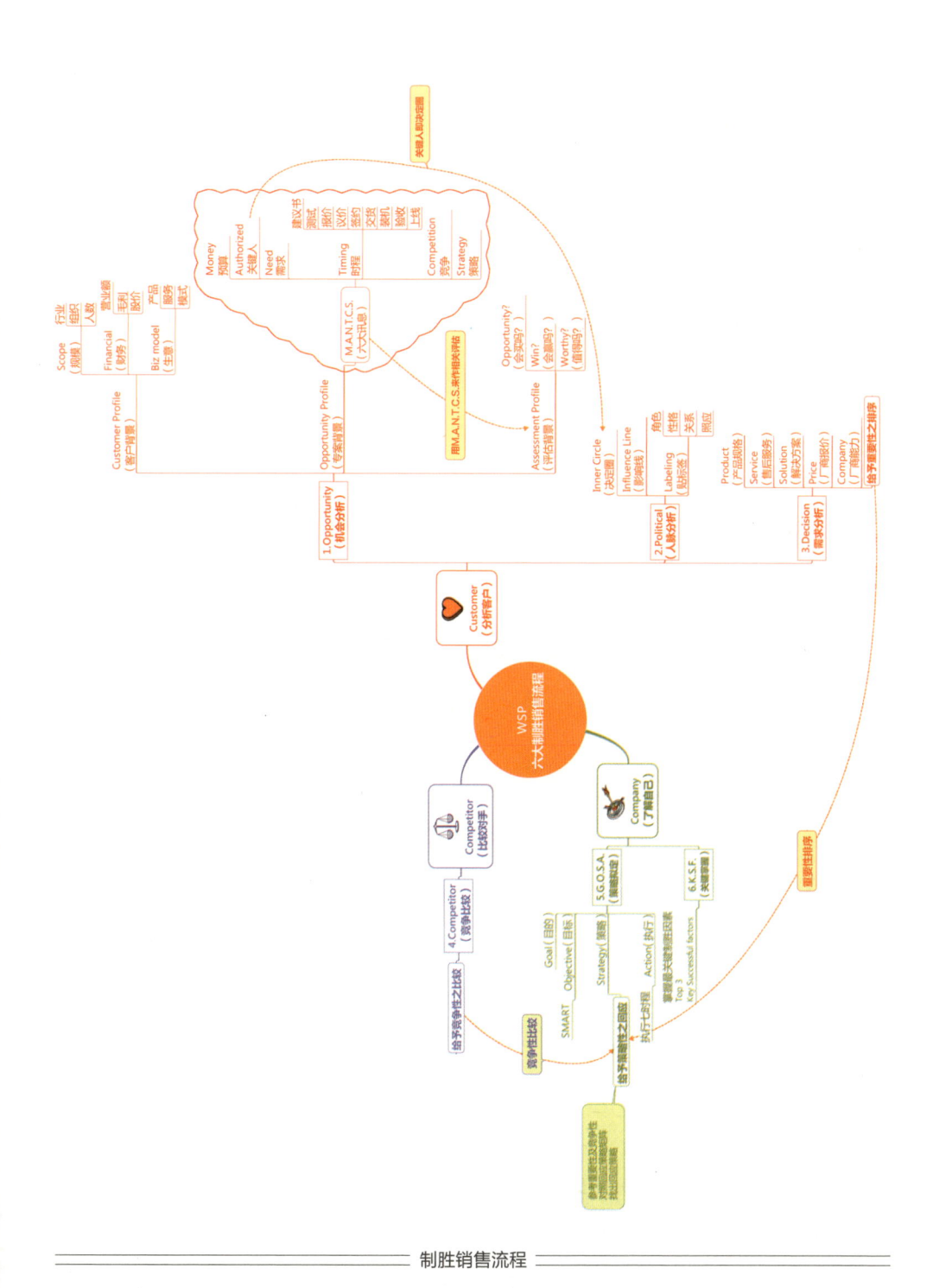

制胜销售流程

What- 理解
制胜销售流程 ①

机会分析（Opportunity）

　　了解客户永远是销售过程中的思考起点。道理很简单，学问却很大，很多销售人员做了一辈子的业务，仍以为只要知道客户想买什么东西，就等于是知道了买卖，这在企业项目销售中，是个很危险的习惯。

　　充分分析项目机会及客户背景，有助于销售人员对项目迅速了解及定位，在作竞争比较时也有个基础锚点，并且有利于后续展开响应的策略及铺排执行计划。

　　一般的项目机会分析，可从三个背景来进行：

一、客户背景

　　以客户的营业基本信息为主，就是该公司规模、财务、生意。这些客户背景可通过官网、口头询问或自己公司的相关客户数据库等多方渠道去了解。

1. 规模

● 行业：客户所属行业别，常见的行业有银行、证券、保险、制造、电信、运输、医疗、公家、学校、军方……

● 组织：即客户公司及分公司的组织结构，以及组织阶层的上下报告关系

● 人数：客户公司员工人数

2. 财务

● 营业额：客户公司一整年的营业收入

● 毛利：客户公司的盈亏（即营业额减去成本）

● 股价：客户公司的上市柜公开发行股价

3. 生意

● 产品：客户公司的主要销售产品

● 服务：客户公司的主要服务项目

●模式：客户公司的核心活动、合作伙伴、产品定位，以及如何将价值传递给用户的商业逻辑与经营模式

二、专案背景

M.A.N.T.C.S. 是非常重要的项目简述缩写。销售工作非常注重这主要讯息的传递与接收，如果一个销售人员，无法在第一时间很顺畅地说出这六项讯息，代表他对项目没有掌握，提出的策略当然也会有较高的风险。

必须注意的是，这只是初期讯息，在后续流程进行时，会再回头逐步完善这些关键讯息。

M（Money）：此项目所编列的预算。

A（Authorized）：项目的主要关键人，也就是所谓的决定圈。

N（Need）：项目的需求，一般指的是产品、服务、解决方案、价格、公司能力……

T（Timing）：项目的相关时程，例如建议书、测试、报价、议价、签约、交货、装机、验收、上线的时程，如此才能把对的事情放在对的时间上运作。

C（Competition）：主要的竞争对手及相关动作，一般至少要提出前两个来做比较。

S（Strategy）：针对前五项所提出的因应策略。

三、评估背景

商场上的决定，本身就是一种投资，既是投资，就得讲求投报率，所以在做一个项目之前，必须不停地反问自己三个问题：这专案真的会买吗？会赢吗？赢下这专案值得吗？要试着站在一个经营者的立场反复思考、回顾，而不是莽撞地一直往前冲，才会帮公司保持最佳的战斗力。

1. 机会（会买吗？）

到底是不是个真案子？还是只是客户在请厂商做功课？有何支持证明客户非买不可的理由？例如：根据国家规定，该银行必须在何时之前完成 XX 系统，以配合政府的相关规定……

2. 竞争（会赢吗？）

这只是 WSP 的第一个流程，只作初步判断，后续流程会有更深入的比较与分析。销售人员在项目开始时就要从 M.A.N.T.C.S. 简单判读出公司有无机会胜出，项目一开始也许不用很仔细，但必须抓出一些关键讯息。

3. 报酬（值得吗？）

我在外企工作时，常看到很多销售人员一往无前地拼命冲杀，最后虽然是赢了案子，但赔钱不说，还答应很多自己公司无法做到的服务或解决方案，弄到可能遭罚款或项目无法验收，为公司带来巨大损失并赔掉商誉……这样的状况，比输了案子还惨。

所以，一个合格的专业销售人员必须先了解，公司赢了这项目会不会在将来发生潜在风险（譬如收不到付款、项目无法验收……），也要看看有无短中长期的附加商业价值（譬如能带来多少营业额、毛利或建立该行业之滩头堡，具有什么样的战略价值，后续能引进多少商机……），如此才可让公司的投资优化。

What- 理解	# 人脉分析（Political）
制胜销售流程 ②	

知道了客户的"事"，接下来就是要知道客户的"人"。人是决定项目成败的最重要的因素，对人的管理，除了关系建立之外，还需要管理信息的发送与接收、留神客户彼此之间的政治关系。

所有的事都是由人在控制，因此充分了解客户组织并施以最佳的管理，是整个项目成败的重大关键。

作人脉分析要分成三步骤。

一、找出决定圈

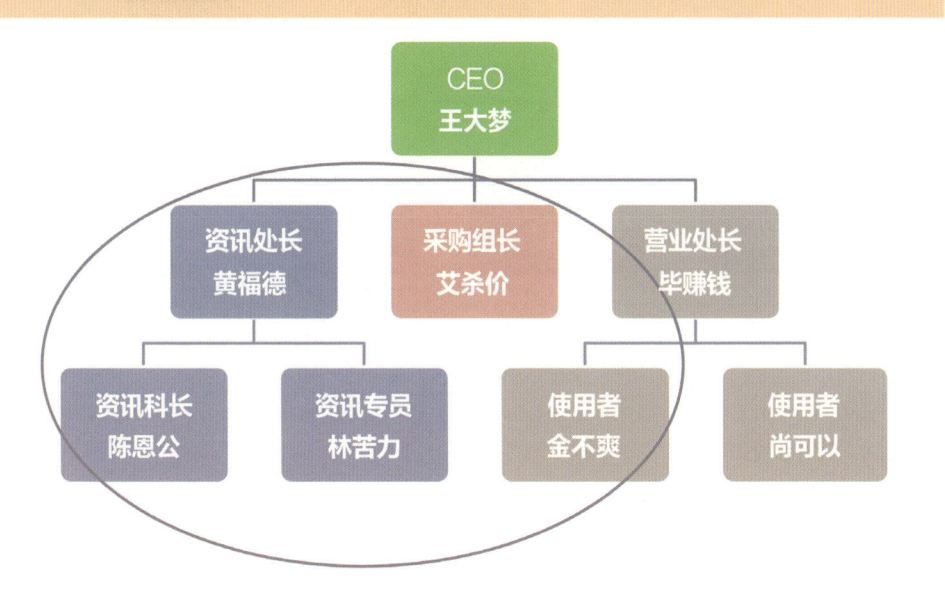

```
                    CEO
                    王大梦
          ┌──────────┼──────────┐
      资讯处长      采购组长      营业处长
      黄福德        艾杀价        毕赚钱
      ┌───┴───┐                ┌───┴───┐
   资讯科长  资讯专员         使用者    使用者
   陈恩公    林苦力           金不爽    尚可以
```

先把该公司的组织结构画出来（如上图，为一般公司常用的树状组织架构），并把对此项目有影响力的人圈起来，这个圈子就是所谓的决定圈（Inner Circle）。一般决定圈会是与你接洽的对口，还会有他／她的主管、相关采购和该项目之末端使用者，譬如这张图圈出来的决定圈，包含第一位和你接洽的信息

121

专员林苦力、同部门的信息科长及主管信息处长，还有采购组长和主要使用者，全都是这个项目的决定圈。

二、画出影响线

把决定圈的人彼此的影响线画出来。由箭头方向，可看出是谁能影响谁，如此才知道如何管理主从的讯息流向，判读出谁才是真正的关键人物。

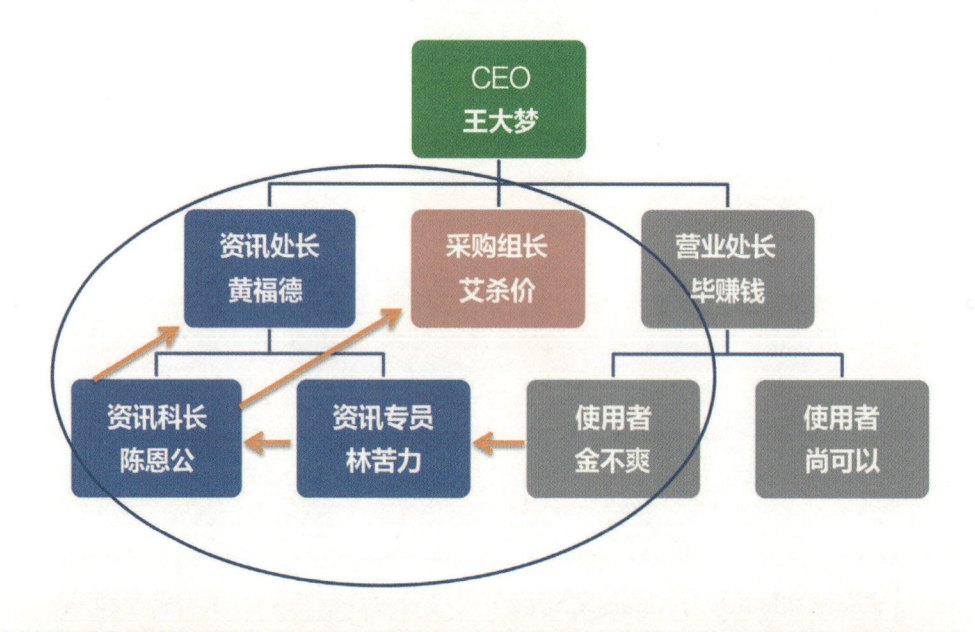

```
                    CEO
                   王大梦
          ┌─────────┼─────────┐
       资讯处长   采购组长   营业处长
       黄福德     艾杀价     毕赚钱
          ├─────────┤          ├─────────┐
       资讯科长   资讯专员   使用者     使用者
       陈恩公     林苦力     金不爽     尚可以
```

三、辨识贴标签

对每一个决定圈的人，根据其角色（Role）、性格（Adaptability）、跟自己的关系（Status）作一个厘清，然后给予最佳照应（Coverage），这个动作叫作贴标签。如次页图，每个人身上都有四个标签，这样才能"因人施教"。

决定圈 People	角色 Role	性格 Adaptability	关系 Status	照应 Coverage
黄福德	A	5	=	3
陈恩公	D	4	+	5
林苦力	E	3	*	4
艾杀价	B	3	=	2
金不爽	U	2	=	3

关于便利贴的解释如下：

角色 Role
- U：User
（使用单位）
（可能是营业部）
- E：Evaluator
（评估此案者）
（可能是部门专员）
- D：Decision
（决定此案者）
（可能是部门主管）
- A：Approver
（批准此案者）
（可能是单位主管）
- B：Buyer
（采购此案者）

性格 Adaptability
- 1 Laggard
（落后者）
（不知改变）
- 2 Conservatives
（保守者）
（不爱改变）
- 3 Pragmatists
（实际者）
（安全至上）
- 4 Visionaries
（愿景者）
（具长远眼光）
- 5 Innovator
（创新者）
（改变就是力量）

关系 Status
- X Enemy
（敌人）
（抚平 Neutralize）
- − Non Supporter
（非支持者）
（抚平 Neutralize）
- = Neutral
（中立者）
（鼓励 Motivate）
- + Supporter
（支持者）
（杠杆 Leverage）
- * Mentor
（指导者）
（顾问 Coach）

照应 Coverage
- 1（不用理会）
- 2（点到即可）
- 3（保持联系）
- 4（用心照顾）
- 5（随侍在侧）

What- 理解

制胜销售流程 ③

需求分析（Decision）

知客户的"事"，再知客户的"人"，接下来就是要知客户的"心"。要知道客户的心到底在想什么，也就是要知道客户真正的项目需求，通常以产品、服务、解决方案、价格、厂商能力为主。

在此顺带一提，有时做生意要探索客户需求背后真正的需求，不要听他讲了什么，而是要听他没讲什么，注意他的弦外之音，一般可参考马斯洛（Maslow）五大需求——生理、安全、情感和归属、尊重、自我实现，由下而上逐一检视。譬如做完这个项目，他有可能是想升官，可能是要发财，想要受到公司老板的重视，或有任何公司政治考虑……

以下的客户需求分析，是以客观上可以被探索的部分为主。无法量化的潜在需求，或说是需求背后的真正需求，一般高段销售人员都会在此处多下些工夫，以收出奇制胜之效，读者须自行摸索，细细体会。

由于我多年来都在信息业服务，所举的案例和使用的相关语言会比较偏向信息业，读者可用自己投入的产业来制定，我想应该不会差太多。

客户需求分析三步骤如下：

一、列出客户需求放在直轴

绘制表格，将客户需求列出，放在直轴。另有其他非属于表中所列五大需求，可再依客户的需求列入。

1. 产品规格（Product）：硬件或软件的基本规格需求。
2. 售后服务（Service）：硬件保修、服务等级、反应时间、停机时间。
3. 解决方案（Solution）：厂商提供客户之相关行业解决方案。
4. 厂商报价（Price）：针对以上三项之总体报价。

5. 厂商能力（Company）：针对厂商相关条件之限制及要求，例如信誉、财务、规模、技术、经验……

二、列出决定圈名单放在横轴

把决定圈的名单放在横轴，等着给需求评分（1～5分）。

三、对需求做评分，排列出重要性

针对每个决定圈的人物进行访谈及了解，并对每项需求给予评分（1～5分），再针对每项需求算出平均值（Ave），填入字段，最后根据平均值排出每个需求的重要性（H高＞3，M中＝3，L低＜3）。

客户需求 \ 决定圈	黄福德（A）	陈恩公（D）	林苦力（E）	艾杀价（B）	金不爽（U）	平均(Ave)	重要性 H(>3) M(=3) L(<3)
产品规格(Product) 指软硬体之基本规格	3	5	2	3	3	3.2	H
售后服务(Service) 硬体保修、服务等级、反应时间、停机时间	3	3	3	2	4	3	M
解决方案(Solution) 整合、应用、解决问题	3	3	3	2	2	2.6	L
厂商报价(Price) 含以上所有软硬体、售后服务、解决方案价格	4	2	3	5	3	3.4	H
厂商能力(Company) 信誉、财务、规模、技术、经验	3	3	3	2	2	2.6	L

【决定圈人物角色代号】

·U：User（使用单位，可能是营业部）

·E：Evaluator（评估此案者，可能是部门专员）

·D：Decision（决定此案者，可能是部门主管）

·A：Approver（批准此案者，可能是单位主管）

·B：Buyer（采购此案者）

※ 分数 1～5（5分最高），须经过讨论及询问或观察得知。

What- 理解 竞争比较（Competitor）

制胜销售流程 ④

知道了客户需求之后，为何需要跟竞争对手作比较？

我举一个简单的例子。大学时有位同学为情所困，找我诉苦，一问之下，终于知道他为何失恋。他爱慕的女子是个喜欢阳光的女孩，而同学自己是中文系的，自认为浪漫是最佳的进攻方式，常对她吟诗写歌，咏风颂月，还带她去山上看夕阳，浪漫无限。后来冒出一个体育系的竞争者，常带那女孩去骑车爬山、上健身房，我同学看状况不对，也开始带她去健身骑车、跑步……但女孩没多久还是移情别恋了。

答案很简单——我同学"帮人抬轿"。

如果健美阳光是女方（客户）需求，阳光男孩（对手）就已取得初步优势，而你（公司）不好好发挥自己所长，竟然迎合客户需求，无异帮对手背书，结果不输也难。最佳策略应该是告诉这位女生（客户），浪漫与疼惜（自己专长）才是终身保障（改变需求），试图扭转女方的需求（教育客户），然后设法扬长避短，将她引到自己的球场来（响应策略），才能击败体育系同学（对手），取得胜出机会（赢下专案）。

管理项目销售也是一样的道理，当**知道客户需求之后，就得如实地把自己跟对手放在天平两端秤个高低，评选出相对竞争性**。注意这"相对"二字，有些项目，尽管自己不够好，但只要对手相对的差，此项目对自己也是一种优势。

WSP第四流程"竞争比较"，其实是第三流程"需求分析"的延伸，就是把需求分析依重要性排列之后，再把自己和对手根据客户需求逐一比较，所以流程三步骤与需求分析类似。

一、列出客户需求

将客户需求列出，放在直轴（如下表）。另有其他非属于表中所列五大需求，可再依客户的需求列入。

二、把自己及主要竞争对手放在横轴

把自己和竞争对手，放在横轴，等着比较评分（1～5分）。

三、开始评分，列出竞争性

针对自己与竞争者，对于每项客户需求，客观的就相对竞争强度给予评分（1～5分），再针对每项客户需求计算平均值（Ave），并根据平均值标出自己跟对手的相对竞争性比较（H 高＞ Ave，M 中＝ Ave，L 低＜ Ave）。

※ 分数1～5（5分最高）；比较是相对性，非绝对性。

客户需求 ＼ 竞争对手	自己	他牌1	他牌2	平均(Ave)	竞争性 H(>Ave) M(=Ave) L(<Ave)
产品规格（Product）指软硬体之基本规格	3	3	3	3	M
售后服务（Service）硬体保修、服务等级、反应时间、停机时间	4	3	3	3.3	H
解决方案（Solution）整合、应用、解决问题	5	3	2	3.3	H
厂商报价（Price）含以上所有软硬体、售后服务、解决方案价格	2	4	3	3	L
厂商能力（Company）信誉、财务、规模、技术、经验	4	4	3	3.7	H

What- 理解　策略拟定（G.O.S.A.）

制胜销售流程 ⑤

G.O.S.A. 的思考是一项很实用的思考架构，除了运用在销售之外，亦可应用在策略规划上，帮助自己从长远的愿景开始定位，一直到底层的执行铺排为止。

在 WSP 六大流程当中，进行到这个流程，已分析完客户、比较过竞争对手，接下来就是根据前面四个流程的结果，回到自己，开始铺排公司的响应策略及执行计划。

同时，必须重新再检视公司目的（Goal 长期方向）及此项目目标（Objective 短期绩效），然后根据前述之需求的重要性、相对竞争性，参考以下策略矩阵，找出最适合公司的响应策略（Strategy 战略定位），随后展开计划执行（Action 战术方法）。

特别要注意的是：目的产生目标，目标产生策略，策略产生执行；相反的，执行支持策略，策略支持目标，目标支持目的。这是一个完整的阶层逻辑架构。

Goal（目的）
- Where will we go
- 长期方向

Objective（目标）
- What will be done
- 短期绩效
- SMART法则
  Specific (明确性)
  Measureable (衡量性)
  Achievable (实现性)
  Relevant (相关性)
  Time (时限性)

Strategy（策略）
- How should we do
- 战略定位
- 因应策略
  Frontal（正面攻击）
  Educate（唤醒沉睡）
  Change（转变规则）
  Divert（转移淡化）
  Ignore（忽略不管）

Action（执行）
- What will we do
- 战术方法
- 执行七时程

一、Goal（目的）

Where will we go（我们要走向何方？）

目的是种长期方向，也可说是一种愿景，能激励员工往理想前进，同时有益于往下确定公司目标。企业的目的，也是企业的终极目标，通常以获取利润及实现社会责任为主。

二、Objective（目标）

What will be done（我们要完成什么？）

目标是种短期绩效，企业目标是企业目的的具体化，是企业存续所要完成的具体任务，而 WSP 中所提销售项目的目标则是企业目标的子目标，必须具备以下 SMART 法则：

Specific（明确性）：项目目标须有十分明确要达成的标的。

Measureable（衡量性）：项目目标就是绩效指针，指的是可被数字量化、被验证的数据。

Achievable（实现性）：绩效指标在付出努力的情况下是可实现的，并且要避免设立过高或过低的目标。

Relevant（相关性）：指实现此项目目标与其他公司目标的连带关联，如此可观察出此项目的扩大效益。

Time（时限性）：指完成绩效指标的特定期限。

三、Strategy（策略）

How should we do（我们应该如何做？）

策略大师迈可尔·波特（Michael Porter）给策略下的定义：策略就是"做

选择",并且根据自己所拥有的资源及所处的状况,设计出一套制胜策略,创造出竞争对手不可置换的地位。

这里有个观念非常重要,还记得第三流程需求分析延伸出第四流程竞争对手比较吗?第五流程就是两个流程真正要导出结果的流程,同样也有三个步骤要进行:

1. 列出客户需求放在直轴

跟需求分析一样,把客户需求放在直轴(如次页表)。另有其他非属于以下所列五大需求,可再依客户的需求列入。

2. 把重要性及竞争性放在横轴

把客户需求的重要性及比较竞争对手的竞争性,放在横轴。

3. 参照响应策略矩阵,找出响应策略

①正面攻击:重要性(M,H),竞争性(H)

【情况】客户在乎的需求,自己的强度是竞争对手的3倍。

【做法】在自己的强处提供可衡量的评分或以实例强化(如客户满意的证明)。

②唤醒沉睡:重要性(L),竞争性(H)

【情况】客户不在乎的需求,但却是自己的最大优势。

【做法】针对自己的强处技巧性地赢得客户的认同,或引用其他客户的经历来强化,尝试找出其他决策者,让他们认为这项价值标准更重要,进而影响他人。

③转变规则:重要性(L,M,H),竞争性(M)

【情况】不管客户在不在乎的需求,自己与竞争对手强度是1:1。

【做法】针对自己的强处,技巧性地赢得客户的认同,引用其他客户的经历来强化,在自己的强处提供可衡量的评分,试图转变评选规则到自己的球场(Change A to A+1 or B)。

④转移淡化:重要性(M,H),竞争性(L)

【情况】客户在乎的需求，但自己的优势却小于竞争对手。

【做法】此区间一般会发生在价格需求，要转移焦点到自己的优势的项目，降低此区间的相对重要性，或尽量改善自己的相对表现，试着看看能否与对手共存，从竞争转为合作，一起瓜分此项目，共享利益。

⑤**忽略不管：重要性（L），竞争性（L）**

【情况】客户不在乎的需求，而自己的优势也小于竞争对手。

【做法】既然客户不在乎，自己也弱，就不要再管它了。

客户需求	重要性	竞争性	策略性
售后服务 (Service)	M	H	1.正面攻击
解决方案 (Solution)	L	H	2.唤醒沉睡
厂商能力 (Company)	L	H	2.唤醒沉睡
产品规格 (Product)	H	M	3.转变规则
厂商报价 (Price)	H	L	4.转移淡化

132

四、Action（执行）

What will we do（我们必须做些什么？）

战略是一种定位、方向，战术是一种执行、方法，在谈执行计划的时候，可参考执行七时程，这样就不会有所遗漏。当然也不一定要完全由 1 到 7。在执行过程中，要特别记住所有执行动作与之前决定好的策略连结。

1	2	3	4	5	6	7
• Understand Customer	• Verify Opportunity	• Qualify Opportunity	• Develop Opportunity	• Propose Solution	• Nego & Close	• Deploy Service
• 了解客户	• 辨识机会	• 确认机会	• 发展机会	• 提供建议	• 议价及签约	• 履行合约
• 现况 • 问题 • 需求	• 客户非买不可的理由	• M.A.N.T.C.S. M 预算 A 关键人 N 需求 T 时程 C 竞争 S 策略	• RFP Request for Proposal 要求建议书 • POC Point of Concept 解决方案模拟测试	• 提供完整建议书 • 报价	• 合约内含成交价格服务条款相关时程验收标准	• 安装 • 训练 • 验收 • 上线

执行七时程与 WSP 六大流程有些相对应之处。WSP 是整个销售策略的逻辑思考，而执行七时程则是整个项目的行事历。

关于执行七时程，简述如下：

1. 了解客户：等同是 WSP 第一流程的客户背景分析。执行计划一开始便是要了解客户现况，以及客户目前所面临的问题、有何需求需要被满足。

2. 辨识机会：等同是 WSP 第一流程的评估背景分析，要多方去辨识此项目非买不可的理由与急迫性。

3. 确认机会：等同是 WSP 第一流程的项目背景分析，主要是需求探查及确认 M.A.N.T.C.S.。

4. 发展机会：这个时程大概发生在拟定完响应策略及执行计划之后。一般会有两个事件要发生：

① RFP（Request for Proposal）：客户对厂商提出"要求建议书"。

② POC（Point of Concept）：厂商针对客户的需求提供解决方案及模拟测试。

5. 提供建议：当经过 RFP 及 POC 之后，厂商便要开始提供项目的完整建议书（含厂商报价）。

6. 议价及签约：客户对厂商进入议价程序，一般客户会有择廉及择优两种。

① 择廉：只要规格符合标准，客户便以最低价来选取供货商，一般国家机关采用择廉方式。

② 择优：除了要符合规格标准之外，客户会制定评分标准，以总分最高者择优选取，一般私人企业采用择优方式。

7. 履行合约：拿到客户合约后，厂商就得根据合约内容开始执行履约工作，并于时间内完成验收及付款。

实际执行计划须含人事时地物及负责人，以表格呈现如下：

执行计划（事）	客户（人）	时	地	目标（物）	负责人
1.了解客户（初步拜访）	林苦力 陈恩公	01/05	XX银行	了解状况 认识客户	Joy
2.辨识机会（客户需求访谈）	林苦力 陈恩公	01/15	XX银行	了解需求	Joy
3.确认机会（确认并分析机会）		01/20	HP	完成WSP计划	Joy King
4.发展机会（RFP,POC）	林苦力	二月	XX银行	验证POC	Eric
5.提供建议（对客户做简报）	A11	03/15	XX银行	客户同意建议书	Joy King
6.议价及签约	艾杀价	04/15	XX银行	赢得标案	Joy
7.履行合约	林苦力 艾杀价	06/01	XX银行	履约交货	Joy Eric

What- 理解

制胜销售流程 ⑥

关键掌握（K.S.F.）

何谓关键？根据柏拉图 80/20 黄金法则，只要做对 20% 的事情，就会产生 80% 的预期效果，每件事情都有它至关重要之处，项目亦如是。

在销售项目启动之后，表面上好像事情很多，但关键制胜因素（K.S.F., Key Successful factors）其实不多，建议可挑出前三件要事，在执行过程中给予最大的放大与强调，直到赢下项目为止。

举个例子，有一次我去执行一个项目，该项目决策者表面上对所有厂商一律公平，且不断强调规格的重要及价格要多实惠……后来我发现他真正的意图，只是要引进一个新厂商，平衡现有旧厂商的傲慢势力。

我虽然是这个客户新加入的厂商，没经验看似弱点，反而却变成了我的优势。因此，在整个处理过程中，我只要跟决策者"同仇敌忾"，一起去平衡现有旧厂商的傲慢即可，其他所谓规格及价格就不是那么重要了。

How- 体验

销售实务范例
XX 银行征授信项目

客户：ＸＸ银行｜项目：征授信系统

产品：激光打印机 500 台｜预算：1,000 万

一、Opportunity（机会分析）

1.Customer Profile（客户背景）

　　XX 银行在台湾服务据点约 280 家，其中银行 185 家、证券 56 家、保险 36 家、投信 3 家。初期以存放款、汇款、进出口及双元外币之货币结构组合式商品为主。

　　XX 银行放款结构以企金为主，比重近六成；其次为个金约 35%。2011 年放款比例，政府机关占 10%，大型企业占 19%，中小企业占 26%，房屋贷款占 32%，OBU 及海外占 8%。2012 年放款比例，房屋贷款占 33%，中小企业贷款占 26%，大型企业占 18%，政府机关占 8%，海外及 OBU 占 10%，其他消金放款占 5%。

　　※ 以上数据，一般可在公开官网取得。

2.Opportunity Profile（专案背景）

　　①（Money）预算：整个项目 6,000 万，打印机部分 1,000 万。

　　②（Authorized）关键人：林苦力、陈恩公。

　　③（Need）需求：A3 黑白激光打印机、须与征授信系统连接、7×24 小时服务等级。

　　④（Timing）时程：4 月完成测试，5 月提供建议书及简报，6 月议价，7 月底之前须全部上线。

　　⑤（Competition）竞争：B 牌、C 牌。

⑥（Strategy）策略：说服客户找一家新供货商平衡原供货商在里面的势力，以及用打印机网管系统增加自己的相对竞争力。

3.Assessment Profile（评估背景）

●会买吗？该银行已决定7月底前一定要上征授信系统，且已有编列预算（会买！）

●会赢吗？ A 牌是打印机第一大品牌（有机会赢！）

●值得吗？银行业第一个滩头堡，而且验收风险不高（值得赢！）

二、Political（人脉分析）

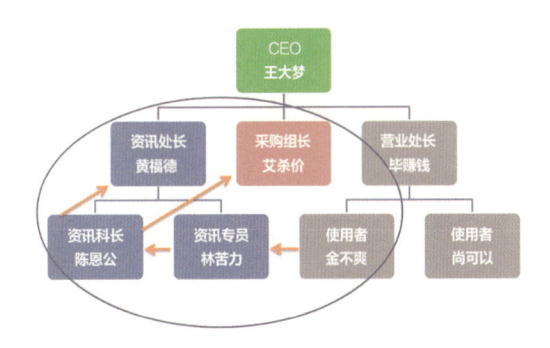

决定圈 People	角色 Role	性格 Adaptability	关系 Status	照应 Coverage
黄福德	A	5	=	3
陈恩公	D	4	+	5
林苦力	E	3	*	4
艾杀价	B	3	=	2
金不爽	U	2	=	3

三、Decision（需求分析）

客户需求 / 决定圈	黄福德(A)	陈恩公(D)	林苦力(E)	艾杀价(B)	金不爽(U)	平均(Ave)	重要性 H(>3) M(=3) L(<3)
产品规格（Product）	3	5	2	3	3	3.2	H
售后服务（Service）	3	3	3	2	4	3	M
解决方案（Solution）	3	3	3	2	2	2.6	L
厂商报价（Price）	4	2	3	5	3	3.4	H
厂商能力（Company）	3	3	3	2	2	2.6	L

◎ 客户需求简述

● 产品规格：A3 黑白激光打印机 500 台

● 售后服务：7×24 小时，保障打印机不停摆服务

● 解决方案：须与银行征授信系统连接，输出正常

● 厂商报价：800 万～1000 万之间

● 厂商能力：须为上市公司，资本额大于 1 亿，服务据点大于 50 处，服务工程师大于 100 人

四、Competitor（竞争比较）

客户需求 \ 竞争对手	自己（A牌）	他牌1（B牌）	他牌2（C牌）	平均（Ave）	竞争性 H (>Ave) M (=Ave) L (<Ave)
产品规格（Product）	3	3	3	3	M
售后服务（Service）	4	3	3	3.3	H
解决方案（Solution）	5	3	2	3.3	H
厂商报价（Price）	2	4	3	3	L
厂商能力（Company）	4	4	3	3.7	H

◎竞争比较分析

● B牌为XX银行信息产品主要供货商，含主机、服务器、网络等相关设备；C牌在XX银行并无势力，且在打印机品牌中不具威胁性，本案只是来陪标。因此，只要关注B牌的竞争即可。

五、G.O.S.A.（策略拟定）

1.Goal（目的）：攻下XX银行这滩头堡，使A牌成为银行界的打印机首选厂商

2.Objective（目标）：激光打印机500台，业绩1,000万

3.Strategy（策略）

客户需求	重要性	竞争性	策略性
售后服务 (Service)	M	H	1.正面攻击
解决方案 (Solution)	L	H	2.唤醒沉睡
厂商能力 (Company)	L	H	2.唤醒沉睡
产品规格 (Product)	H	M	3.转变规则
厂商报价 (Price)	H	L	4.转移淡化

◎策略总结

● 平衡 B 牌在 XX 银行的势力

● 强调 A 牌是打印机第一品牌，把规格考虑引导到品牌选择

● 强调 B 牌打印机不稳定所带来的损失

● 售后服务：正面攻击，A 牌是打印机的第一品牌，强调机器不稳、服务不好所带来的后果

● 解决方案：唤醒沉睡，告诉客户解决方案及厂商能力的重要性，并试图强调商业利益及机器不稳所带来的痛感

● 厂商能力：唤醒沉睡，告诉客户，厂商的规模及总体的服务能力是客户最佳保障

● 产品规格：转变规则，A 牌规格略差，把它转移到稳定度才是重点，规格速度非打印机主要考虑

● 厂商报价：转移淡化，用总体的成本（含不稳定的商业损失成本），来淡化客户择廉的观念

4.Action（执行）

执行计划（事）	客户（人）	时	地	目标（物）	负责人
1.了解客户 （初步拜访）	林苦力 陈恩公	01/05	XX银行	了解状况 认识客户	Joy
2.辨识机会 （客户需求访谈）	林苦力 陈恩公	01/15	XX银行	了解需求	Joy
3.确认机会 （确认并分析机会）		01/20	HP	完成WSP计划	Joy King
4.发展机会 （RFP,POC）	林苦力	二月	XX银行	验证POC	Eric
5.提供建议 （对客户做简报）	A11	03/15	XX银行	客户同意建议书	Joy King
6.议价及签约	艾杀价	04/15	XX银行	赢得标案	Joy
7.履行合约	林苦力 艾杀价	06/01	XX银行	履约交货	Joy Eric

六、K.S.F.（关键掌握）

1.说服客户该用 A 牌来平衡 B 牌的谈判力。

2.请人带话给 B 牌，和平共处胜过彼此破坏，B 牌卖主机，A 牌卖打印机。

3.对客户不停强调，A 牌是打印机的第一品牌，且他牌机器不稳，服务不好，会带来严重的使用者抗议及损失商机。

※ 以上三点，须不停地重复，直到深深被客户认同，赢下此案！

Chapter. 4

沟通力

沟通 3S 法则

沟通力是职场五力中最有趣的章节，学会沟通 3S 法则，可以让你从很爱说话提升到很会说话，迅速有效地达成沟通目的。

沟通力是职场五力中最有趣的章节，它是职场中随时随地用得到的一个技巧。此外，它也属于心理学的一个领域，跟我所热衷的 NLP 神经语言程序、催眠学息息相关，甚至触及到高我与指导灵的连结。

善于沟通的人，懂得如何传达意念，说服他人，表达自我需求及发现他人需求，最终赢得更好的人际关系和成功的事业。反过来说，一个不会沟通的人，词不达意，不知所云，不了解自己，也不知道同理他人，即使能力很强也是一个失败者。

广义的沟通，是指所有思想意念的传达；狭义的沟通，可说是一个商业说明或一场商业简报。

本书所谈的沟通力，就是指狭义的部分。**职场的沟通效度有四个等级，分别是讯息、理解、说服、感动**。因为职场上的功利主义，把人心变得政治、复杂，我们必须学会如何拉高沟通效度，才能说服别人，得到你所想要的结果。

1.讯息　2.理解　3.说服　4.感动

举个销售打印机的沟通例子，大家或许会更清楚：

【讯息】

陈老板您好，这是我们新出的打印机，速度很快，1 分钟可印 50 页。（印得快，关他何事？）

【理解】

陈老板您好，这是我们新出的打印机，速度很快，1 分钟可印 50 页。印出 10 份 50 页的简报，只要 10 分钟。（他终于听得懂了！）

【说服】

陈老板您好，这是我们新出的打印机，速度很快，1分钟可印50页。印出10份50页的简报，只要10分钟。大大提高办公室的工作效能，让公司上层可以快速看到报告，加速他们的决策判断。（他感觉到你为他着想了！）

【感动】

陈老板您好，这是我们新出的打印机，速度很快，1分钟可印50页。印出10份50页的简报，只要10分钟。大大提高办公室的工作效能，让公司上层可以快速看到报告，加速他们的决策判断。这样一来，你的绩效一定大大提升，将来受到公司提拔的机会也一定大大增加。（他一定会跟你买了！因为你是那么为他着想。）

累积多年的经验，我把有关沟通的技巧整理成**沟通3S法则**：Story（**故事力**）、Sense（**设计力**）、Show（**说服力**），让你的沟通能力从很爱说话提升到很会说话，迅速有效地达成说服的目的。

沟通力黄金圈

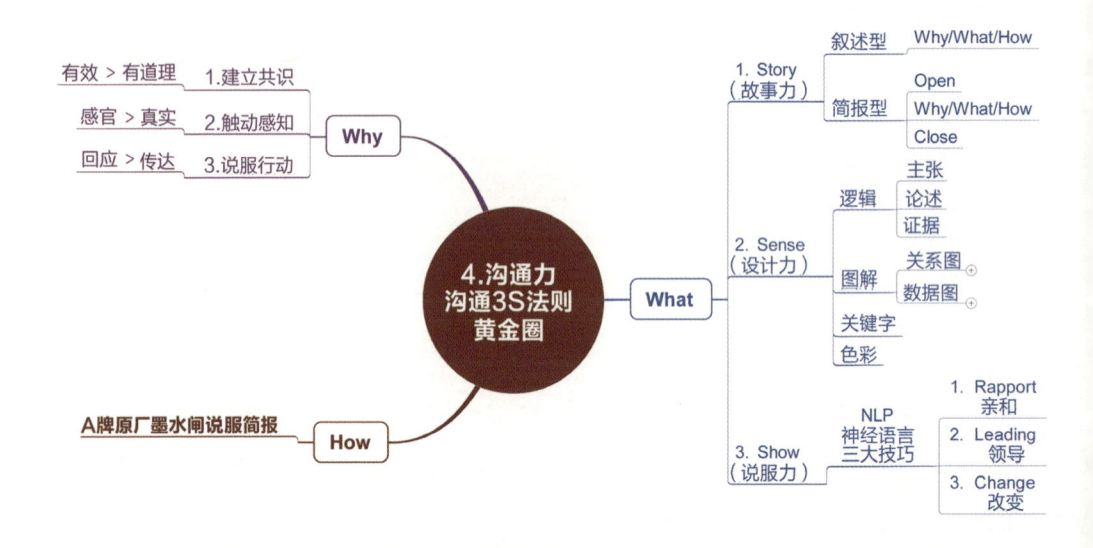

```
                                    ┌─ 叙述型 ── Why/What/How
                          1. Story ─┤
                         （故事力） ├─         ── Open
                                    └─ 简报型 ─┼─ Why/What/How
                                              └─ Close

  有效 > 有道理   1.建立共识                                ┌─ 主张
  感官 > 真实    2.触动感知   ┌─Why─┐                    │
  回应 > 传达    3.说服行动   │      │          ┌─ 逻辑 ─┼─ 论述
                              │      │          │       └─ 证据
                      ┌───────┘      │          │
                      │  4.沟通力    ├─What── 2. Sense ─┤       ┌─ 关系图
                      │  沟通3S法则  │        （设计力） ├─ 图解 ┤
                      │  黄金圈      │                  │       └─ 数据图
                      └───────┐      │                  │
                              │      │                  ├─ 关键字
  A牌原厂墨水闸说服简报────── How ──┘                  └─ 色彩

                                                          ┌─ 1. Rapport 亲和
                                           NLP           │
                                  3. Show─ 神经语言 ─────┼─ 2. Leading 领导
                                 （说服力） 三大技巧      │
                                                          └─ 3. Change 改变
```

Why（动机）

1. 建立共识

　　广义地说，沟通不只是跟他人对话，同时也是在跟自己对话。有良好沟通能力的人，会先让自己处于一种理想的状态，很清楚自己的沟通目标，之后才能在愉悦自信的状态下去说服别人，同步彼此的共识。简单来说，在沟通过程中，有效比有道理重要。有的人很爱说话，但不等于很会说话。爱说话的人，尽管表面讲得头头是道，却只是单方认定；而会说话的人，则能迅速掌握重点，同理他人，有效达成彼此共识。

2. 触动感知

　　地图非真实的疆域，每个人都在内心制造属于自己的实相，只有感官的世界，没有绝对真实的世界，所谓真实的世界只存在于每一个人的大脑认知。

3. 说服行动

　　在商场上的沟通，最终目的就是要说服对方改变态度，引发行动。关键不在于我们怎么传达，而在于对方怎么响应，会不会采取我们要他做的行动。所有的商场沟通，若不能说服对方改变态度，而有进一步行动，就算是一个无效沟通。

What（理解）

谈沟通力，我采用的是沟通 3S 法则，在此先简述架构，后面会进一步详述。

1.Story（故事力）

从小我们就爱看故事书，不爱看教科书，道理何在？因为只有故事会让人专注，让人期待，跟当事人的心境与经验结合。在职场上，有关说故事的方式，在此我提供两个简单模块：

①叙述型

Why（动机）、What（理解）、How（体验）。

②简报型

Open（吸引）、Why（动机）、What（理解）、How（体验）、Close（强化）。

2.Sense（设计力）

指的是简报版面设计，必须掌握四个重要元素：

①逻辑

主张，论述，证据。

②图解

关系图，数据图。

③关键词

用关键词做焦点放大。

④色彩

用色彩做大脑活化。

3.Show（说服力）

推荐 NLP 神经语言三大技巧：

①亲和（Rapport）

镜射法、共振法、回溯法。

②领导（Leading）

后设模式、比喻模式、催眠模式。

③改变（Change）

心锚法、次感元、立场法。

How（体验）

A 牌原厂墨盒说服简报。A 牌原厂墨盒一直是 A 公司的利润来源，如何有效说服听众使用原厂墨盒，是一个很关键的任务。

4. 沟通力 3S沟通法则

2. Sense（设计力）

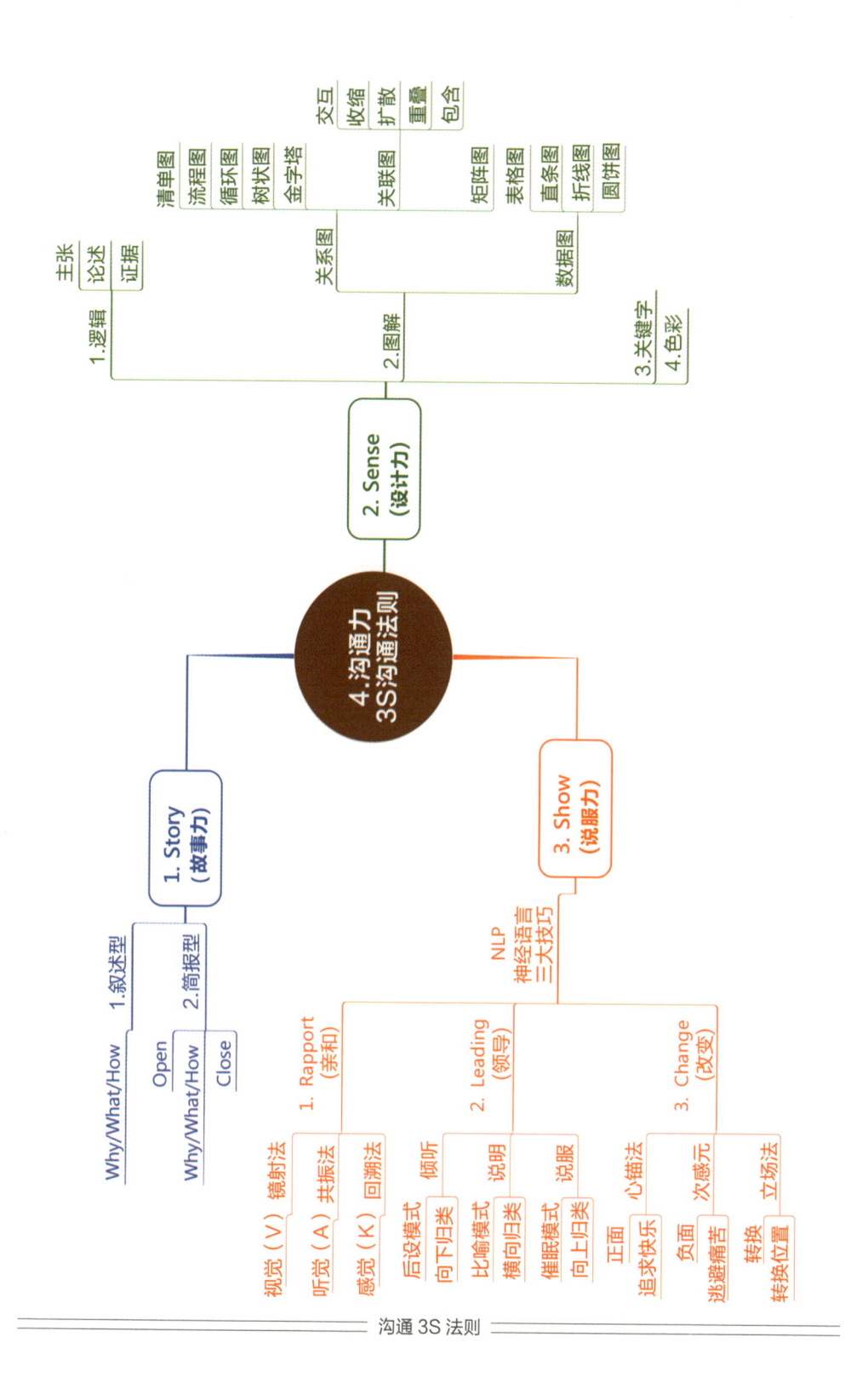

1. 逻辑
- 主张
  - 论述
  - 证据

2. 图解
- 关系图
  - 清单图
  - 流程图
  - 循环图
  - 树状图
  - 金字塔
  - 关联图
    - 交互
    - 收缩
    - 扩散
    - 重叠
    - 包含
- 数据图
  - 矩阵图
  - 表格图
  - 直条图
  - 折线图
  - 圆饼图

3. 关键字
4. 色彩

1. Story（故事力）

1. 叙述型
- Open — Why/What/How

2. 简报型
- Open — Why/What/How
- Close

3. Show（说服力）

NLP 神经语言三大技巧

1. Rapport（亲和）
- 视觉（V） 镜射法
- 听觉（A） 共振法
- 感觉（K） 回溯法

2. Leading（领导）
- 倾听
  - 后设模式 向下归类
- 说明
  - 比喻模式 横向归类
- 说服
  - 催眠模式 向上归类

3. Change（改变）
- 正面 追求快乐
- 负面 逃避痛苦
- 心锚法
- 次感元 转换
- 立场法 转换位置

——— 沟通 3S 法则 ———

What- 理解　Story（故事力）

沟通 3S 法则 ①

沟通 3S 法则，从故事力、设计力，到说服力，就像是一场自导、自编、自演的过程。

从小我们就爱看故事书，不爱看教科书，因为只有故事会让人专注、期待，跟自己的心境与经验结合。记得念南一中的时候，只要有同学染上武侠小说，几乎都是彻夜不眠地看；而港剧《楚留香》风靡全台，即使明天要大考，也要在电视机前面盯上 2 小时，才甘愿去念书，就是想知道故事剧情如何发展……

在职场的沟通中，不管生意好不好，每次老板总是会问一句："What's the Story？"整个故事是什么？而这其中的故事，就是在试图理解事物的本质。我在设计沟通力的说故事模块时，仍然以黄金圈模块为主：

● 叙述型：Why、What、How
● 简报型：Open、Why、What、How、Close

一、叙述型：Why、What、How

在职场中，大家都很爱讲话，甚至很爱打断别人讲话，似乎生怕不开口，就会失去为自己辩驳、解释的机会。以我工作多年观察，我可以大胆地说，大部分的人都只是很爱讲话，但不会讲话，即使是身为主管也一样，包括我自己，甚至因为当了主管，更爱上讲话的权利。

后来我建议自己和员工，**在说话之前要注意三个步骤：1. 想清楚，2. 写下来，3. 说出去**，感觉就比以前好多了，至少不会离题，可以专注在主题上头。但是之后有员工问我，有什么办法可以让自己想清楚？这个问题瞬间把我考倒了，于是我跑去听一些很会讲话的人讲话，归纳出三个重点——Why（动机）、What（理解）、How（体验）。

叙述型	Why	What	How
过程	动机	理解	体验
举例	启动梦想 促进学习 提升竞争力	思维导图法 原则与应用	实用范例

我的工作常要对公众说话，也经常被邀请要作 Opening，在还没学会思维导图法前，常常是想到什么就讲什么，有一次鼓起勇气听自己说了什么，发现简直乱七八糟，这时我才恍然大悟，这样的状况是不对的。后来就在心中套用这个模块，果然顺畅多了。

譬如有一次我去台东公益平台做公益，校长忽然要我对一群高中生讲话，因为太突然了，我只好迅速套用这个叙述型模块，上台说了这一段话：

"我是陈老师，今天来的主要目的，是要启动各位的梦想，促进各位的学习，提升各位将来的竞争力。我将带给各位的分享内容，是思维导图法的原则与应用，接下来会亲自带领各位同学进行几个很实用的范例，希望大家快乐、学习、成长。"而当时在我大脑中出现的就是后面那张思维导图。

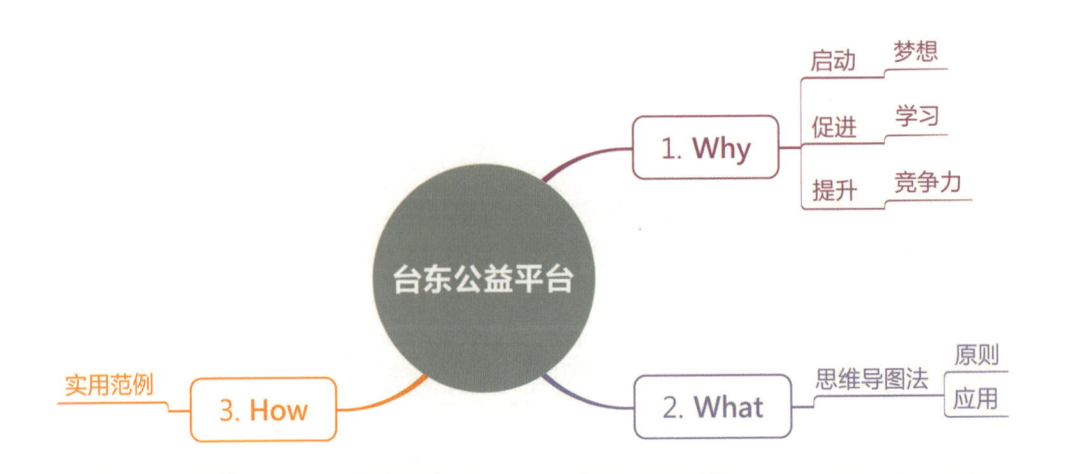

```
                                            启动 ── 梦想
                                    1. Why  促进 ── 学习
                                            提升 ── 竞争力

                    台东公益平台

                                                    原则
实用范例 ── 3. How         2. What ── 思维导图法
                                                    应用
```

二、简报型：Open、Why、What、How、Close

跟叙述型相比，简报型是一个很正式的简报，必须在 Why、What、How 前后，加上 Open 及 Close。用意就是在整个简报沟通过程，作一个强力的开场吸引，也因为一场简报通常会超过 30 分钟，必须要有完整的开场及收尾。

简报型	Open	Why	What	How	Close
过程	吸引	动机	理解	体验	强化
举例	高中学思维导图比陈老师成功	启动梦想促进学习提升竞争力	思维导图法原则与应用	实用范例	梦想板

在外企公司上班，简报能力的优劣，是存活的重大关键因素。因为很多人，包含国外的长官、国内的同事，以及所有的渠道和客户，几乎有大半时间是通过简报来认识你。既然如此，我很难理解为何有人不愿意把简报学好。没有精心准

备的简报，就像一个随意穿着就去相亲的人，会给人留下很不好的印象。

这个简报型的应用，是在做一份简报之前，先给自己一个简报内容的框架。每当我用思维导图勾勒出简报的框架，心就已经大大的安了一半，因为有了框架之后，剩下就是专业简报设计及如何沟通说服而已。

延续上一个例子，即使临时受托，必须对高中生做 2 小时的简报，只要用思维导图法来发想，一份简报 30 分钟就可以完成了。

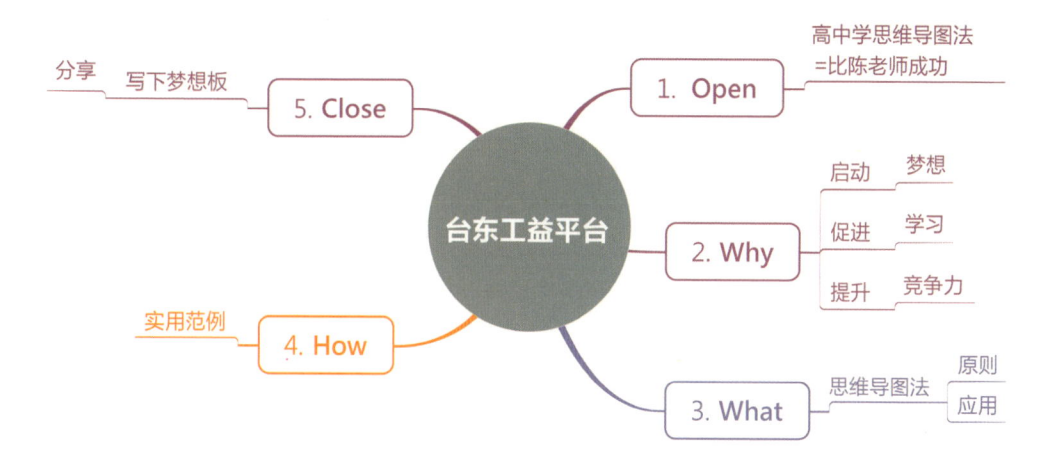

```
台东工益平台
├─ 1. Open ── 高中学思维导图法 = 比陈老师成功
├─ 2. Why ──┬─ 启动 ── 梦想
│           ├─ 促进 ── 学习
│           └─ 提升 ── 竞争力
├─ 3. What ── 思维导图法 ──┬─ 原则
│                          └─ 应用
├─ 4. How ── 实用范例
└─ 5. Close ── 写下梦想板 ── 分享
```

What- 理解 Sense（设计力）

沟通 3S 法则 ②

简报的设计，是最直接让观众看得到的，很多人很会讲话，可惜就败在这一关。其实做简报是件很简单的事，只要顺着前述的故事力把思维导图做成简报即可。在设计简报时，要牢记四不与四要。

一、四不

1. 不把观众当读者

很多人因贪图方便，直接截取 Word 文字，贴进简报文件。当你把密密麻麻的字秀出来，等于把观众当读者，注意力瞬间被文字转移及破坏，极难恢复。

2. 不把大字报当简报

虽然字少了，字级放大了，还是把观众当读者，没什么两样。

3. 不把数据当简报

把手上相关数据都放进简报，观众一定瞬间进入睡眠模式。

4. 不把提词当简报

提词一般用来提醒自己关键观念及重要讯息，并不适用于放入简报，一来没有笑点，二来突兀，会让口语的表达失去流畅感。

二、四要

1. 要有逻辑架构

没有逻辑，不是故事，因为不是故事，当然就无法打动观众。职场的商业逻辑，我通常采用三大元素——主张、论述、证据。

一般做简报，常用的逻辑架构是主张、论述、证据。下方图例中 A 牌打印机是您的最佳选择，不但有好质量，稳定评比第一名，预算低也买得起，5,000 元有找，是同等级产品中价格最低的产品。

制作投影片，依照主张、论述、证据的川流，有时一张投影片包含三种元素，有时会以一群投影片组合，每一张各代表主张、论述或证据。一般是一个主张、几个论述、多个证据，要注意投影片分镜连戏过程，必须将故事引导顺畅，观众才能乐在其中。

2. 要善用图解

图解跟图像概念是一样的，但**图解是图像、关系图及数据图的总和，是制作投影片时很重要的元素**。很多人教商业简报，都主张作出有自己风格特色的图解，而职场讲求快速有效，因此我建议善用微软 Office 内建的 SmartArt 功能即可。

经过一番整理，我把所有图解归纳如下：

5W2H 本质	关系图							数据图			
	清单图	流程图	循环图	树状图	金字塔	关联图	矩阵图	表格图	直条图	折线图	圆饼图
What	分项										
How		步骤									
When			标杆								
Why				原因							
Who				组织							
Where					层级	关连	对应				
How Much								总览	大小	趋势	比例

155

请注意，这里对应的是最常用的代表，并不是说它不能做其他应用。譬如流程图，不只有 How，它其实也有 What、When。

关系图可分为清单图、流程图、循环图、树形图、金字塔、关连图、矩阵图。

①清单图：分项归类图

清单就是简单的分类，只有阶层关系，没有先后顺序，某种程度上，它也是种思维导图法的变形。

②流程图：执行步骤图

顾名思义，流程图是表现时间变化与过程的一种图形，透过箭号和图框，将时间与过程的进展可视化，用以表示前后的因果关系。

③循环图：标准流程图

循环图是流程图的另一种变形，但有别于流程图，它没有终点，是一种无限循环、逐步改善的意义。

④树形图：原因分析 & 组织架构图

树形图的应用有两种，分别用在原因分析与组织架构。在执行原因分析时，能有系统的拆解问题，精简焦点信息，利于探索问题本质；另一方面，它可以用来呈现一个组织的阶层及功能角色。

⑤金字塔：层级架构图

又叫阶层图，用来表达阶层，上下或高低关系，同时也呈现出数量多寡。由下往上，层层收敛，数量越少；由上往下，层层扩散，数量越多。

⑥关连图：彼此关连图

共分五种：1.交互，2.收缩，3.扩散，4.重叠，5.包含。有时图框彼此关连，但又不属于以上图解，我们就把它归类为关连图。交互是彼此的影响关系，收缩是由外往内事件的指向，相反则是扩散，是由内往外事件指向，重叠就是彼此有局部重复关系，若重复到产生包含关系，就是包含。

⑦矩阵图：分项对应图

又称象限图。矩阵图在作分项策略时非常好用，举凡波士顿矩阵（BCG）、安索夫矩阵、SWOT 现况分析、时间管理……是一种很有用的收敛工具。尤其以思维导图作完水平思考，再来个矩阵图作垂直思考、策略定位，是相当有力量的组合。

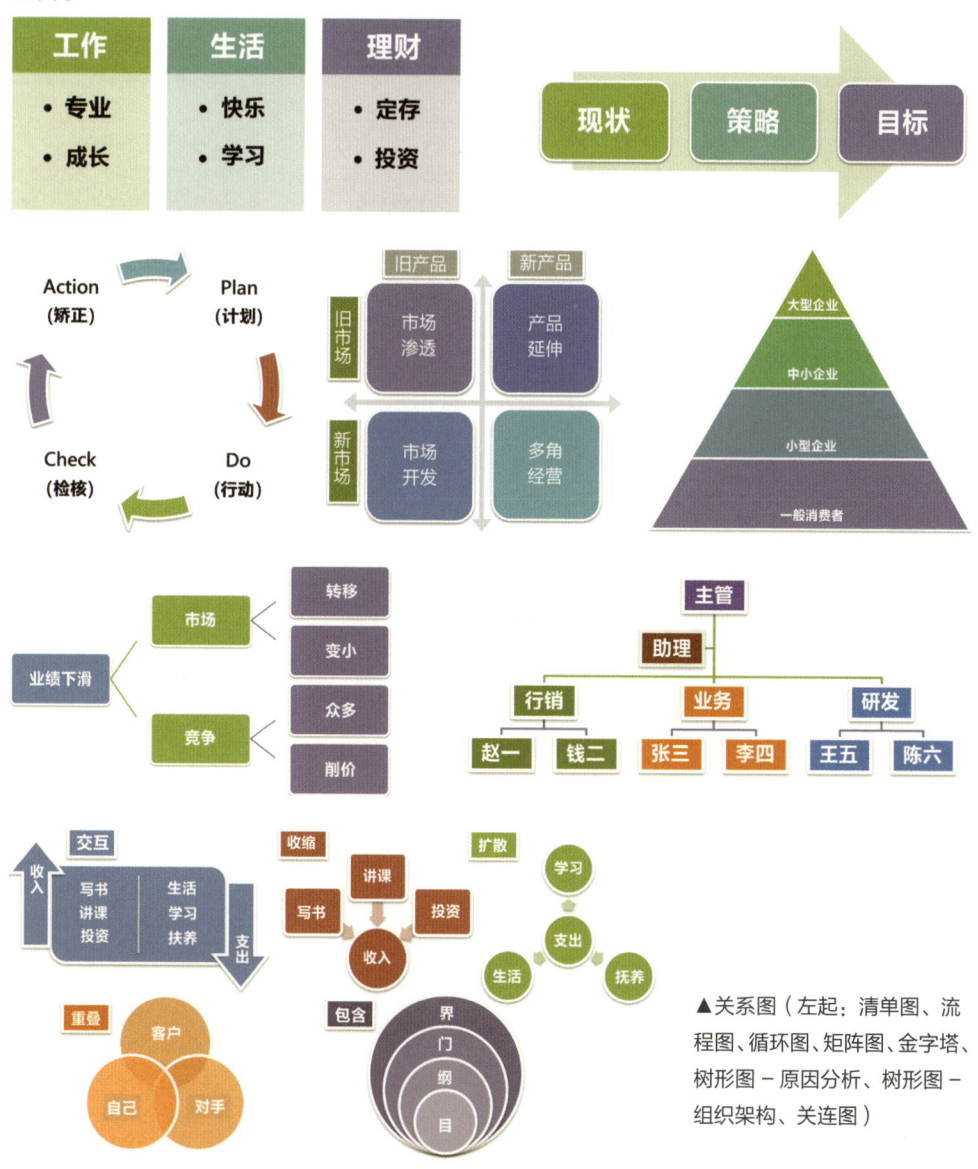

▲关系图（左起：清单图、流程图、循环图、矩阵图、金字塔、树形图－原因分析、树形图－组织架构、关连图）

数据图是简报中常用的图解,尤其是跟数字相关的报告,其中经常会用到表格图、柱形图、折线图、圆饼图。

表格图总览	生意	1月	2月	3月
	进货	100	80	90
	出货	90	110	100

柱形图 大小

折线图 趋势

饼图 比例

数据图

① 表格图:总览

表格本身是一种图,甚至是最为精简完整的对应图表,当你还在伤脑筋用什么数据图时,有时表格图就是个最简单有效的图表。

② 柱形图:大小

不管是直的还是横的,最主要是要显示量的大小。

③ 折线图:趋势

折线图很适合用来表现一段时间内的数字及趋势变化,在描述企业成长、衰退、稳定或波动时,折线图的使用率极高。

④ 饼图:比例

圆形最能给人整体及分量的感觉,如果是需要描述每一个分项占整体的分量及比例,饼图就再适合不过了,例如上图中每个月份的大小及比例。

3. 要使用关键词

何谓简报，就是简单有力的报告，而关键词的使用，便是这力量的源头。关键词相关概念可参照前面《思考力》的说明。

4. 要搭配色彩

色彩及图像都是活化大脑、吸引注意及增强记忆的有效工具，跟关键词一样，也在前面《思考力》做过介绍。

下面我以三张简报做一比较，读者会比较容易理解。第一张是传统的大字报，这种简报等于告诉观众你的简报设计有多差，日后会很难改变别人对你的第一印象；第二张标题有含主张，本文也使用了论述及关键词，但缺乏图表与证据；第三张就一目了然多了，这才是我们该有的基本简报功夫。

①
A牌原厂墨水闸

A牌原厂墨水闸，使用单通道列印技术，为市场同级产品之最快输出，并使墨水不晕开及喷头不堵塞，增强列印品质，从成本角度，也是市场最低单张列印成本。

②
A牌原厂墨水闸
最低单张列印成本

单通道列印技术
- 最快输出
- 墨水不晕开
- 喷头不堵塞

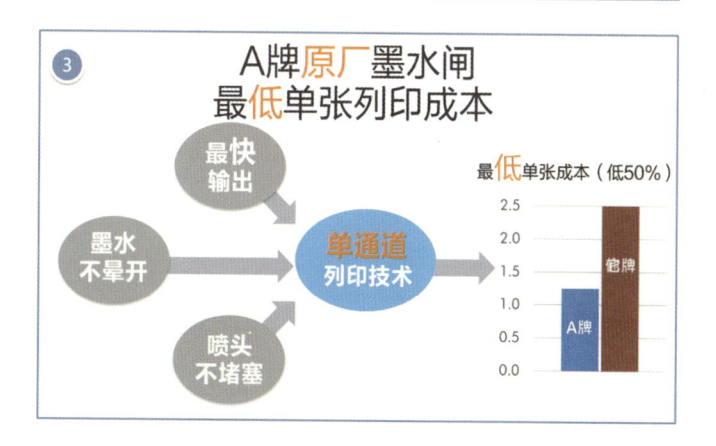

③
A牌原厂墨水闸
最低单张列印成本

最快输出 → 单通道列印技术
墨水不晕开 →
喷头不堵塞 →

最低单张成本（低50%）
2.5 — 它牌
2.0
1.5
1.0 — A牌
0.5

What- 理解

Show（说服力）

沟通 3S 法则 ③

关于说服力，有很多不同的说法，在这里我想提出一套更有用的方法，就是 NLP（Neuro-Linguistic Programming，神经语言程序学）。这门课程我已经研习好长一段时间，它的应用很广泛，是建立正面心态、掌控思维、提升信心、自我激励、加速学习、融洽人际、提升说服力、订定未来方向和成功蓝图的一门有效的学问。

在沟通的过程中，所有的讯息是通过感官将信息输入大脑，换句话说，我们是通过从眼睛、耳朵、鼻子等器官进入大脑的信息来理解这个世界，所以我们必须管理被沟通者的五感（视觉、听觉、触觉、嗅觉、味觉）。

在 NLP 神经语言中，把触觉、味觉、嗅觉合称为"感觉"，一般我们会以 VAK（Visual 视觉、Auditory 听觉、Kinesthetic 感觉）来讨论 NLP，而每个人对视觉、听觉、感觉的倾向不尽相同，读者要先观察对方属于哪种倾向，下药才会更到位。简单的判断就是，一般视觉型的人眼睛常往上方看，讲话速度较快；听觉型的人眼睛常往平视看，讲话速度中等；而感觉型的人眼睛常往下看，说话速度也较慢。从一个人说话内容大概可以判读出这个人的感知偏好：

● 这台打印机造型很时尚（V- 视觉型）

● 这台打印机打印声音很吵（A- 听觉型）

● 这台打印机材质摸起来很有质感（K- 感觉型）

以我的经验和观察，唯有能全面掌握 VAK 感知，才能成为一个高明的沟通达人。

在谈到沟通应用之前，我想先让读者知道 NLP 三个跟沟通有关的重大前提：

1. 有效果比有道理更重要。

2. 只有感官的世界，没有绝对真实的世界。

3. 沟通的意义在于对方的响应。

有关说服力的应用，我参考了 NLP 相关部分，整理出三大步骤、九大技巧。

1. 亲和（Rapport）：镜射法、共振法、回溯法。
2. 领导（Leading）：后设模式、比喻模式、催眠模式。
3. 改变（Change）：心锚法、次感元、立场法。

整个说服三部曲，就像是交际舞一般，先亲和的配合对方舞步，之后反过来领导对方，然后再进一步改变对方，让他跟你的目标一致。

①　亲和 Rapport
1. 镜射法　视觉
2. 共振法　听觉
3. 回溯法　感觉

②　领导 Leading
1. 后设模式　倾听
2. 比喻模式　说明
3. 催眠模式　说服

③　改变 Change
1. 心锚法　正面
2. 次感元　负面
3. 立场法　转换

NLP 三步骤

一、亲和（Rapport）

亲和技巧分为三种：镜射法、共振法、回溯法，分别是同步视觉、听觉及感觉。

听觉同步（A）
速度/音调/情绪
配合

视觉同步（V）
动作/手势/姿势
配合

感觉同步（K）
事实/感情/要点
配合

1.镜射法　　2.共振法　　3.回溯法

1. 镜射法（视觉）

以视觉同步为主，最主要的是同步对方的动作、手势和姿势，当我们与对方的肢体同步时，对方的戒心自然会在无形中降低。举例来说，如果你周遭有一些很默契的朋友，或是很情投意合的情侣，你会发现这些人的动作、手势和姿势一定很像，因为我们**人类有一种倾向，只要两方的心意越来越相通，自然会表现出与对方类似的状态**。反过来说，貌合神离的怨偶，他们的一致性一定很低。

亲和是一种反过来操作的方式，当我们配合对方视觉状态时，也等于提高了内在一致的状态，但切记不可以很刻意，要很自然地不动声色。譬如跟客户对坐聊天时，配合对方的表情、手势及脚步的动作，在相同的时间拿起刀叉（筷子）用餐，举起杯子喝茶，你会发现自己的心竟然与客户如此接近。

2. 共振法（听觉）

以听觉同步为主，之所以取名共振，就是跟听觉频率有关，是要你去同步对方的说话速度、音调和情绪。你是否有注意过，和自己说话的速度及音量大小不同调的人在一起，会觉得很别扭、难以沟通，甚至不自觉产生敌意。你是否有过这样的经验，当你很努力想把状况慢慢说明时，老板忽然对你说："你到底想说什么？""可以请你先说结论吗？"类似这样的状况，在职场屡见不鲜。所以最好的方式，就是配合对方说话的速度、音调，甚至语气中的情绪。在职场上言语沟通频率很高，配合对方说话的共振法，是非常重要的沟通技术。

3. 回溯法（感觉）

以感觉同步为主，最主要的是同步事件的事实、感情和要点。只要从对方口中的词汇找到关键词，重复并予以感情响应，对方会认为你把他的话完全听进去了。

甲：我下个月升课长。

乙：哇！你要升课长了（事实），真是太棒了（感情）！以你的10年资历及优秀表现（要点），真是实至名归。

二、领导（Leading）

这是NLP沟通中最精华的部分，是以语言操作为主，可分为"倾听：后设模式／向下归类"、"说明：比喻模式／横向归类"、"说服：催眠模式／向上归类"三种模式。

每天，我们会与各式各样的人对话，而在沟通时，我们会不自觉地将所要传达的信息省略、扭曲或一般化，这是人类的天性，会选择自己想体验的、想要的部分来对外沟通，而这三样东西可说是一种语言的过滤器。解释如下：

● **省略**：和别人说话时，我们并不会将所有讯息都传达出去

● **扭曲**：把原来讯息加上一些自己的看法及解释传达出去

● **一般化**：把部分事件套入一个模糊或整体的框架传达出去

自己所拥有的完整信息，称为深层信息，而经过省略、扭曲或一般化的信息，就称为表层信息。以上所述的后设、比喻、催眠模式，就是在深层与表层信息之间游移，以达到最有效果的沟通。注意这"效果"二字，并不是把深层信息讲通透才叫沟通；相反的，在某些状况，说不定只要三言两语的表层信息，反而是最有效的表达。

三种语言模式如下：

1. 倾听：后设模式／向下归类

将遗漏的信息还原且清楚呈现，就是后设语言的最大功能。以思维导图法的角度来看，它就是一种向下归类，试图把信息往细部探索。

甲：你是个很出色的业务！

乙：请问是谁对我的评价？（后设模式，反省略）

甲：他这事有点过分。

乙：请问他是哪里过分？（后设模式，反扭曲）

甲：他总是对我不好。

乙：为何你觉得他总是对你不好？（后设模式，反一般化）

2. 说明：比喻模式／横向归类

所谓能言者善譬，把信息做一个易懂的比喻，强化后再放送出去，会变

成一个很有效果的说明。具体来说，这技巧就是将某种状况或现象，以一个简单易懂的东西来比喻，以达到说明与让对方理解的技巧。

甲：他对我好吗？

乙：他对你如同亲兄弟一样的好？（比喻模式）

3. 说服：催眠模式／向上归类

"催眠"这两个字，一听就令人兴奋，我一直对催眠保持高度浓厚的兴趣，除了 NLP 执行师之外，我同时也具备催眠治疗师的认证。其实催眠是种翻译，严格来说应该是催醒，把对方的醒觉放大，加强正面信念去接受一些指令。当然，**催眠模式就是在执行省略、扭曲、一般化的过程。**这三样语言过滤器并没有所谓好与不好，端看如何应用及所要达到的正面效果。

在催眠模式中，因为词汇简单有力，可以给对方自由对应空间，选择一个属于听者最舒适的诠释，譬如当你举起右手喊 yes，你一定会觉得能量满满，大家可就"能量"二字，自行找寻这两个字带来的舒适状态。

甲：这件事，我做得不好。

乙：哪有不好，有人觉得很好。（催眠模式，省略）

只说有人，并没有说是谁，就是把传达的讯息省略了。

甲：这件事，我做得不好。

乙：你会这样想，就等于成功了。（催眠模式，扭曲）

把会这样想，说成等于成功，就是把传达的讯息扭曲了。

甲：这件事，我做得不好。

乙：所有成功者都会历经这样的过程。（催眠模式，一般化）

把做得不好，当成是成功者必经之路，就是把传达的讯息一般化了。

我来举个买车的例子，把后设、比喻、催眠模式整个走一遍。这是个真实故事，是我当初买保时捷时，业务员对我说的话，我回想了一下，整个过程也大概就是后设、比喻、催眠过程了。

业务员：King 哥，你最喜欢保时捷的什么地方？（后设模式）

King 哥：我最喜欢的，就是它的内装部分了。

业务员：你最喜欢内装的什么地方？（后设模式）

King 哥：我最喜欢的，就是它仪表板的部分，真是太美了。

业务员：对啊，保时捷的仪表板，设计得跟飞机舱一样，就像是在开飞机。（比喻模式）

King 哥：这个比喻，真的很好。

业务员：King 哥，其实买保时捷，就是成功的标志。（催眠模式）

King 哥：……

以上这段对话，对应到思维导图法的归类如下：

● 后设模式（倾听：向下归类）：保时捷向下归类到内装，内装又向下归类到仪表板

● 比喻模式（说明：横向归类）：把仪表板横向归类到飞机舱

● 催眠模式（说服：向上归类）：再直接把保时捷向上归类到成功

整个过程，其实每一层都有很多选择，譬如成功的表征不只是等于名车，而名车也不只有保时捷，就在这来回展开与收敛之中，产生说服的过程。如右页图，可以用思维导图法把 NLP 语言归类模式做一个很有效的应用。

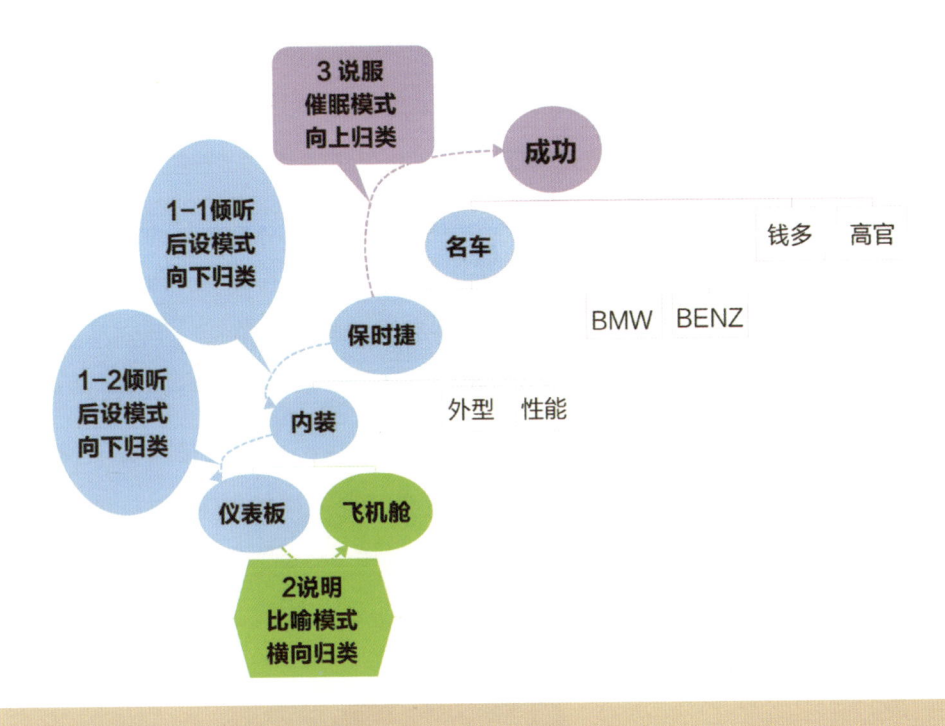

三、改变（Change）

经历亲和与领导的步骤之后，大家要知道，所有的沟通过程都是为了要触动对方的改变或行动。如NLP前提所言，有效果比有道理重要，只有改变对方才可以证明沟通的最终成功。在改变的部分有心锚法（追求快乐）、次感元（逃避痛苦）、立场法（转换位置）三项技巧。

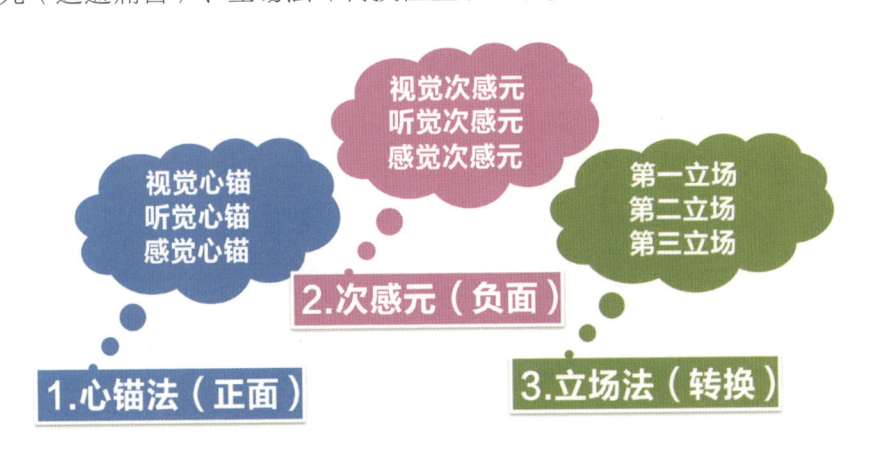

1. 心锚法（追求快乐）

心锚的方法，就是将五感输入的信息设为一个诱因，进一步引起我们设定的理想情绪及反应。当你通过视觉看见，或听觉听到，或感觉体验时，每次都会引起同样的状态，就表示心锚设定成功。

举个例子，小时经常要练大会操，在那个年代，每次都会放《梅花》那首歌，时隔30多年，我只要听到《梅花》，心情马上穿越时空隧道，回到小时候运动会的兴奋状态。另一个例子，每次铃木一朗站上垒包，就会摆出他的招牌姿势，挥动手臂与球棒指向前方，很笃定地告诉自己："投过来吧，我一定会打击出去。"所以当他做同样动作时，就会回到一样的稳定状态。

心锚的作用很大，有分正面与负面，在商场上，我把心锚拿来作正面应用。

心锚法，随着感官，分为视觉、听觉、感觉三种。

```
        听觉心锚
          (A)
       特定词/声音/音乐

视觉心锚              感觉心锚
  (V)                  (K)
特定动作/姿势/图像    特定地点/状态/感受

           心锚法（正面）
```

以下各举一个简单例子：

视觉（V）：看到名车保时捷的徽章 = 成功

要客户去正视保时捷的徽章，并强化这徽章的故事与荣耀，把它设成一个成功人士的心锚。

听觉（A）：听到周杰伦《听妈妈的话》= 乖巧

每次我去教学生时，当他们很混乱噪动，我就把这首歌当背景音乐放出来。音乐一放，学生们竟然就柔软地乖了起来，因为这首歌很红，学生在不知不觉中早就被下了听觉心锚，这就是为什么以前戒严时代有所谓的禁歌。

感觉（K）：想到大学时代的营火晚会＝青春

我永远都记得大一新鲜人迎新的营火晚会。那一天，当营火点燃，那一刻的青春年少，久久不忘。所以日后在参加儿子的童军营火晚会时，我能瞬间回忆起大学时代的飞扬青春。

2. 次感元（逃避痛苦）

何谓次感元？我们平常都是用五官认识世界，在这个时候，我们所有的视觉、听觉、感觉都会被组合起来，放在大脑的体验记忆区块，而这些构成要素就是次感元。随着感官，次感元一样可分为视觉、听觉、感觉三种。

视觉次感元（V）
形状/动作/距离
位置/颜色/亮度

听觉次感元（A）
大小/音调/距离
韵律/呼吸/情绪

感觉次感元（K）
感受/触感/香味
酸甜/温度/重量

次感元（负面）

次感元的内在转换，可用来做情绪的转变，把负面印象在瞬间转为正面；当然也可透过次感元的转变，让人对某些事物产生畏惧的逃避心理。**人类的心理有两大机制：追求快乐与逃避痛苦。** 过去我在临床的催眠实验中，发现如果这个事件属于追求梦想，使用追求快乐的催眠作用较大，譬如当一个人要买跑车，你请他去想象当他开敞篷车时，一群辣妹投来的崇拜眼光，以及开在台东海岸线,感受蓝蓝的太平洋、清爽怡人的海风,还有浪漫夜晚的星光闪闪……但如果是用在商场,逃避痛苦的作用就比较大,譬如当一个银行要买打印机,你请他去想象银行前台打印机忽然卡纸,客户因不耐烦而破口大骂,轻则挨一顿责骂,重则丢了工作,这时候他还敢不买你的产品吗?

本书以职场应用为主,所以在次感元的应用上,我把它放在制造负面,让客户去经历那些痛苦,从反向支持你的正面建议,而负面次感元加上正面心锚法,效果更是强大。

以下各举一个简单例子:

视觉(V):对着镜子,看到自己肥胖的丑陋体型=失败

如果要一个胖子减肥,最好的方法是带他到镜子前面,或请他想象自己的样子,过去的丑陋所带来的嘲笑与轻视,过去因为肥胖失去多少自信心,失去多少爱人,又失去多少求职机会……这样的视觉负面次感元,会让他痛苦不堪,下定决心减肥。

听觉(A):工作处理不好,老板阵阵责骂声音=失职

职场上的一级噪音,以老板的数落声排名第一,当员工的,应该最讨厌听到老板唠叨,所以请他去想象并放大老板的责骂声音,制造听觉负面次感元,叮嘱当事人不要再犯错,效果非常好。

感觉(K):专案输给了竞争对手,那种感受=失去

相信大家在职场上都有过输给竞争对手的经验。如果这是个很大的项目,自己努力了一整年,却在最后一刻输掉,那种失去的感受非常不堪且难受。很多面临过生离死别的人,后来都很怕失去,就是最典型的例子。所以在项目定输赢之前,可让业务员去想象过去那种输掉案子的感受,那种锥心刺骨的失去之痛,会让业务员因害怕失去而打起精神来。

3. 立场法（转换位置）

NLP 有个大前提，就是只有感官的世界，没有绝对真实的世界；地图不等于疆域，每个人心中都有一份属于自己的地图。所有我们觉知理解的事（地图），并非一定等于现实本身（疆域），同一件事，每个人的解读也都不同，所以当你要试着去沟通或说服他人时，要站在对方的立场去感受一下。立场法的技巧，就是要借由改变自己的立场及位置，来得知对方对同一件事情的感觉及看法。

立场法，以角色的不同，分成自己、对方、他人三种。

第一立场　自己　主观
第二立场　对方　同理
第三立场　他人　客观

立场法（转换）

有时候当沟通出现问题，只要把自己模拟成对方，用对方的立场来看自己，答案马上就会浮出。之后再把位置放到第三立场来审视自己和对方的沟通，整个状况将会更为客观及完整，因为它同时出现了三种角度。

延续之前买保时捷的例子，当作完语言模式（后设、比喻、催眠）之后，就是要用改变（心锚法、次感元、立场法）去促成购买行动。

业务员：King 哥，你最喜欢保时捷的什么地方？（后设模式）

King 哥：我最喜欢的，就是它的内装部分了。

业务员：你最喜欢内装的什么地方？（后设模式）

King 哥：我最喜欢的，就是它仪表板的部分，真是太美了。

业务员：对啊，保时捷的仪表板，设计得跟飞机舱一样，就像是在开飞机。（比喻模式）

King 哥：这个比喻，真的很好。

业务员：King 哥，其实买保时捷，就是成功的标志。（催眠模式，一般化）

King 哥：应该是。

业务员：King 哥，请你想想保时捷的徽章，那成功的力量，真是无与伦比！（正面心锚）

King 哥：对啊，那徽章确实很漂亮。

业务员：King 哥，请你感觉一下，老是在路上看到别人开保时捷的煎熬感受……（负面次感元）

King 哥：不要再逗我了啦。

业务员：副总，如果我是你，我一定要在 50 岁之前圆梦！（转换立场法）

King 哥：我买了！

各位读者，这是个真实故事，我就真的买了一辆保时捷。

How-体验　沟通实务范例
A 牌原厂墨盒说服简报

△ 状况 △

A 牌原厂墨盒一直是 A 公司的利润来源，同时也关系着使用者的省钱、健康及环保议题，在新产品发表时，如何有效地说服听众使用原厂墨盒是非常关键的时刻。

△ 解法 △

先制作思维导图，把整个沟通 3S 架构完整地走一遍。

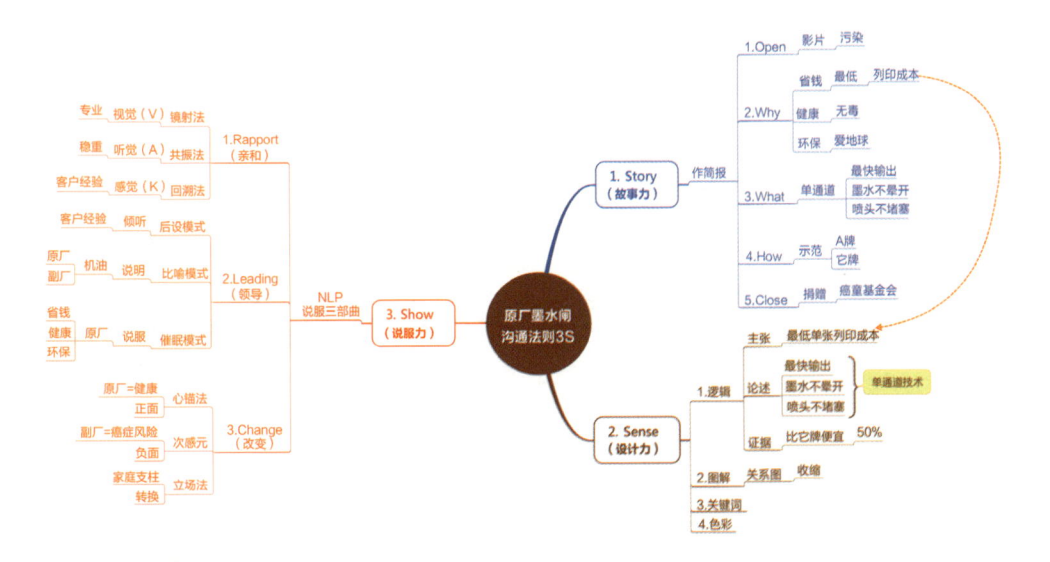

```
                                          1.Open ── 影片 ── 污染
                                                    省钱 ── 最低 ── 列印成本
                                          2.Why ── 健康 ── 无毒
              专业 ── 视觉(V) ── 镜射法              环保 ── 爱地球
              稳重 ── 听觉(A) ── 共振法    1.Rapport
              客户经验 ── 感觉(K) ── 回溯法 (亲和)   最快输出
                                          3.What ── 单通道 ── 墨水不易开
              客户经验 ── 倾听 ── 后设模式 1. Story         喷头不堵塞
              原厂                        (故事力)
              副厂 ── 机油 ── 说明 ── 比喻模式       示范 ── A牌
                                  2.Leading 4.How         它牌
              省钱         NLP    (领导)
              健康 ── 原厂 ── 说服 ── 催眠模式 说服三部曲  5.Close ── 捐赠 ── 癌童基金会
              环保                原厂墨水闸
                                  沟通法则3S
                                          主张 ── 最低单张列印成本
              原厂=健康 ── 心锚法 3. Show
                      正面      (说服力)   1.逻辑 ── 论述 ── 最快输出
                                                         墨水不易开  单通道技术
              副厂=癌症风险 ── 次感元              喷头不堵塞
                      负面      3.Change           证据 ── 比它牌便宜 ── 50%
                               (改变)    2. Sense
              家庭支柱 ── 立场法         (设计力)  2.图解 ── 关系图 ── 收缩
                      转换                       3.关键词
                                                 4.色彩
```

一、Story（故事力）

因为这是一场简报，要说服听众使用 A 牌原厂墨盒，所以完整的故事架构应该是 Open、Why、What、How、Close。

1.Open（吸引）：放一段国内的食安及环境污染影片，因为关系到听众的健康，所以很快就能引起听众的注意力。

173

2.Why（动机）：强力定位三大主张：省钱、健康、环保，能迅速引发听众关切简报主题与动机。

3.What（理解）：进入技术层面，属于论述部分，讲解单通道打印技术，如何能做到最快输出、墨水不晕开、喷头不堵塞。

4.How（体验）：进入体验层面，属于证据部分，最快的方法就是让A牌与竞争品牌当场作一次打印，比较速度、打印质量或其他重要部分。

5.Close（强化）：既然主张中有讲到健康议题，在最后结尾时可发起一项爱心义举，作为彼此的善缘与收尾——只要客户购买A牌原厂墨盒，A公司就以客户的名义，向癌童基金会捐款。

二、Sense（设计力）

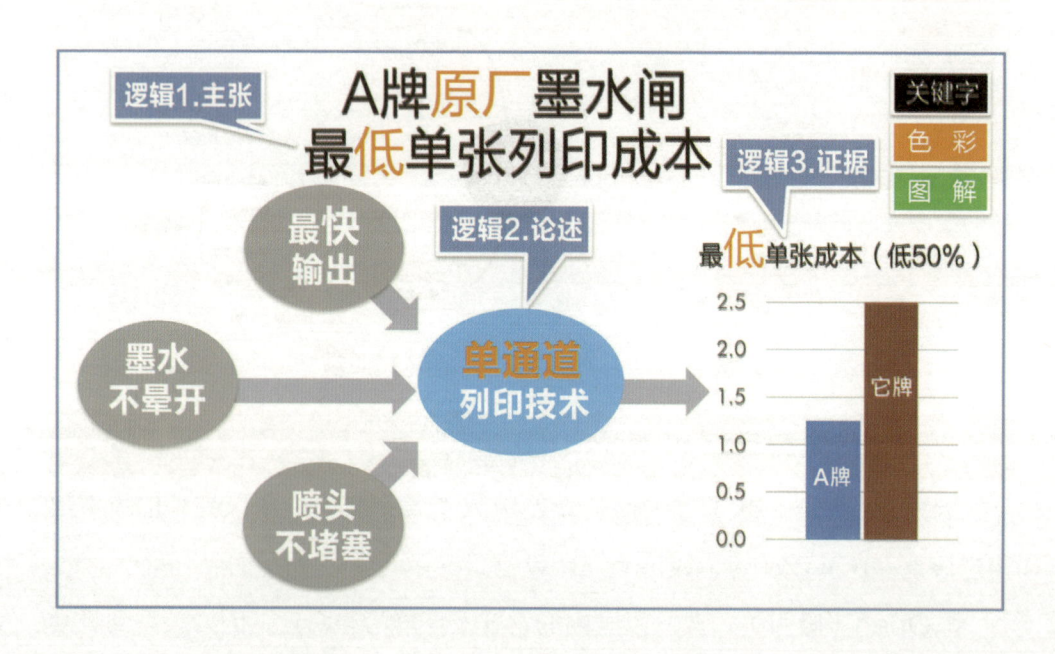

取其中一张省钱简报设计为例，上面包含简报四大要素：1.逻辑（主张、论述、证据），2.图解（关连图），3.关键词，4.色彩。

三、Show（说服力）

使用 NLP 说服三部曲：

1. **亲和**：穿着配合客户的专业（镜射法），多用客户的语言，谈吐稳重（共振法），并回顾一下客户的实际经验（回溯法）。

2. **领导**：先倾听客户经验（后设模式），再举例原厂机油与副厂机油质量的差异（比喻模式），最后说出原厂墨盒的三大主张（催眠模式）。

3. **改变**：因为人类毕竟把健康当成是最珍惜的课题，所以先把原厂＝健康定为正面信念（心锚法），之后再把副厂＝癌症风险定为负面感受（次感元），最后以对方立场的鼓励大家，保持健康才能成为最好的家庭支柱（立场法），这样便可再加强大家对原厂墨盒的使用信念。

△ 效益 △

做一场简报，并不只是美美的设计而已，经过沟通 3S 法则的检视流程，说出一个流畅的故事，辅以图文并茂的简报设计，再加上巧妙的 NLP 说服术，可将简报沟通效益发挥到最大。

△ 建议 △

忙碌的职场，大家不像以前有很多时间约见，有时真正的较量就在一场简报中，所以请各位读者，务必具备强大的沟通及简报能力，才能在职场中脱颖而出。

Chapter. 5
领导力

领导四大支柱

领导力是职场的高级核心竞争力。学会领导四大支柱，经历过管理阶层的历练，整个职场生涯才算是真正的完整。

领导力是职场的高级核心竞争力，经历过管理阶层的历练，整个职场生涯才算是真正的完整。为何我会这么说呢？如下思维导图便可解释一切：

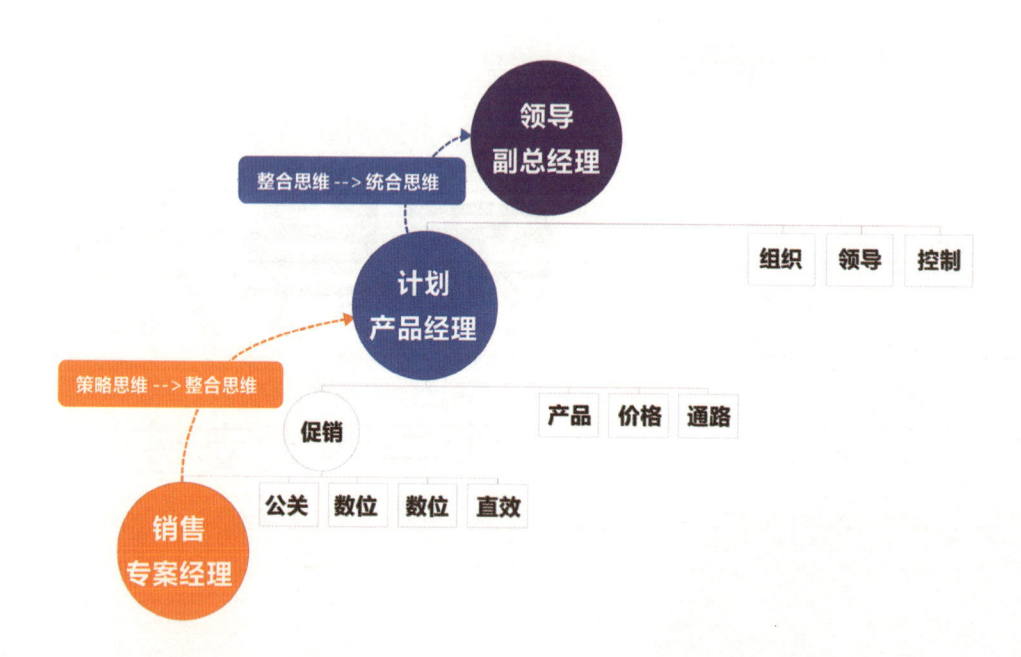

```
                              领导
                            副总经理
              整合思维 --> 统合思维
                                        组织  领导  控制
                              计划
                            产品经理

              策略思维 --> 整合思维
                                      产品  价格  通路
                              促销

                            公关  数位  数位  直效
              销售
            专案经理
```

在外企的 17 年职场奋斗史，我的职场路径很幸运的一直被"向上归类"，一路从项目经理到产品经理，再到副总经理，最后到资深副总经理。

担任项目经理时，主要是负责一些大型企业，当时把自己定位在**策略思维**，关注焦点是如何用策略把对手击败，赢下项目；后来晋升为产品经理，整个人从策略思维提升为**整合思维**，负责的范围一下子变得很广，觉得自己可能无法胜任，所以那时候硬是逼自己去接触思维导图法，虽然事情更多，反而觉得比作项目经理时更能胜任。

日后晋升主管，范畴更大，而且要接触到"管人"，我又开始觉得自己无法胜任，但等到接手之后，因为可以人事互济，相互统合，反而觉得工作起来无比畅快，自己的能力也从整合思维再度提升为**统合思维**。而在撰写本书时，我顺着思考力→销售力→企划力→沟通力→领导力，竟有一种一路往上走，重温当时能力提升过程的感觉。

在领导力的技术上，我所使用的是**领导四大支柱，也有人说是管理四大功能，就是计划、组织、领导、控制**。计划的焦点是目标与策略，组织的焦点是人力与资源，领导的焦点是执行与激励，控制的焦点是检核与修正。

写这个章节时，为了要取名领导力还是管理力，我想了很久，后来决定用领导力，原因是领导这两个字可带来更强的心念。拆开来看领导，**所谓领导，就是要领又要导**，"领"着团队，"导"向该去的地方。

领导力黄金圈

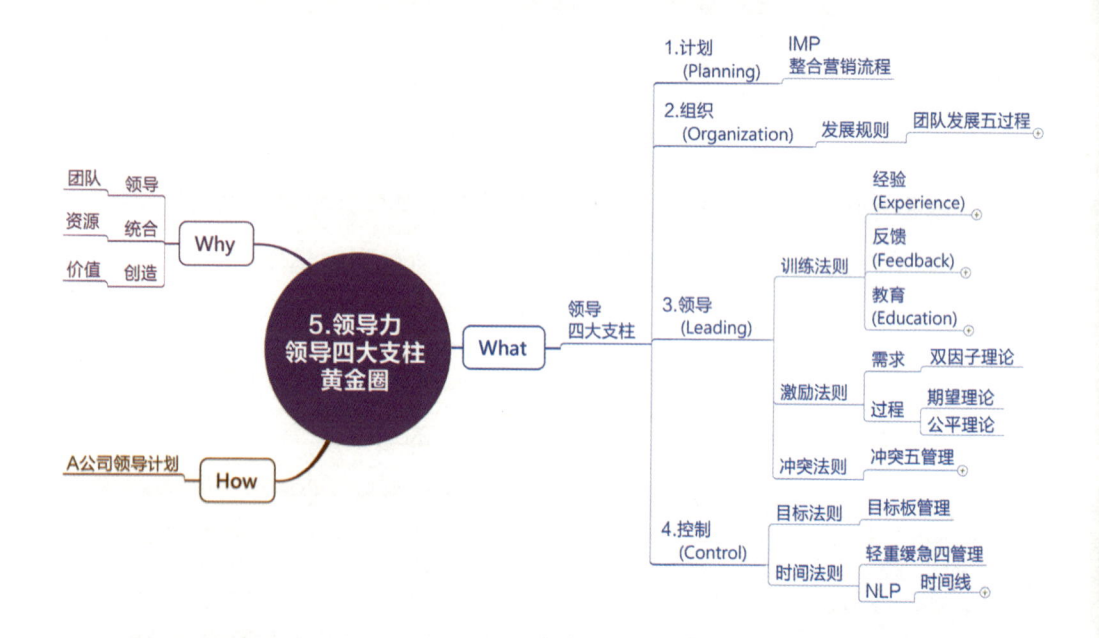

5. 领导力领导四大支柱黄金圈

Why
- 团队 — 领导
- 资源 — 统合
- 价值 — 创造

What — 领导四大支柱
- 1. 计划 (Planning) — IMP 整合营销流程
- 2. 组织 (Organization) — 发展规则 — 团队发展五过程
- 3. 领导 (Leading)
  - 训练法则
    - 经验 (Experience)
    - 反馈 (Feedback)
    - 教育 (Education)
  - 激励法则
    - 需求 — 双因子理论
    - 过程 — 期望理论 / 公平理论
  - 冲突法则 — 冲突五管理
- 4. 控制 (Control)
  - 目标法则 — 目标板管理
  - 时间法则 — 轻重缓急四管理 / NLP 时间线

How — A公司领导计划

Why（动机）

1. 领导团队

一旦升任为主管，日思夜想的就是如何把一群人放在一起工作，而这些人偏偏又是一个人一个样。

在这里，先解释为何用团队，而不用团体。

所谓团体，是指一群同部门的人，他们有各自的特性与目标，成员间并不因专长特性而分工，也不会进行整体运作，所以部门绩效不佳；团队则不同，他们拥有共同的目标，根据彼此的专长特性分工，成员之间因为要达成共同目标，经常协调，彼此沟通，所以整个团队绩效会大于个人绩效加总。

这个就是所谓的综效（Synergy）。一个有能力的主管，就是要把部门带成一个有综效的团队。

2. 统合资源

一个主管会被授予人事安排及资源分配的权利，你之所以能驾驭属下，驱动所有的执行，说穿了除了具备主管的法定权力之外，最主要的是你拥有了资源权。而组织的资源取得与配置，也是人员最容易发生冲突的，所以学会如何统合有限资源，极大化工作成效，是领导者很重要的课题。

3. 创造价值

试想，好端端的一群人在做事，上面多摆了一个看似没在做事，却只会叫人做事的主管，员工情何以堪啊！

过去的职场经验，让我看到很多不具实力却又被晋升的人，都以为穿上龙袍就是太子……关于这点，我并不以为然，因为部属整天在战场上面对各种状况，其实在某些领域的专业程度早已超越主管，而如果被一个没有能力的人管教，恐怕是很难心悦诚服的。

因此组织就算给予主管再多的包装与权力，倘若主管不知努力上进，创造主管存在的价值，终究也只是沐猴而冠而已。

What 理解

采用**领导四大支柱**，依其执行顺序流程为计划→组织→领导→控制，在此先简述架构，后面会再做详述。

1.计划 目标/策略	2.组织 人力/资源	3.领导 执行/激励	4.控制 检核/修正
·整合营销流程 ·目的确认Goal ·现状分析Situation ·方针拟定Policy ·目标设定Objective ·障碍因应Barrier ·策略规则Stategy ·执行计划Tactics	·发展法则 ·组建Forming ·风暴Storming ·规范Norming ·展现Performing ·休整Adjourning	·训练法则 ·经验/反馈/教育 ·激励法则 ·双因子理论 ·期望理论 ·公平理论 ·冲突法则 ·冲突五管理	·目标法则 ·目标板管理 ·时间法则 ·轻重缓急四管理 ·NLP时间线 ·目标设定 ·执行计划

How 体验

A 公司领导计划。

过去我常用领导四大支柱来领导我的团队,在这部分就把当年的种种心得跟大家分享。

领导四大支柱

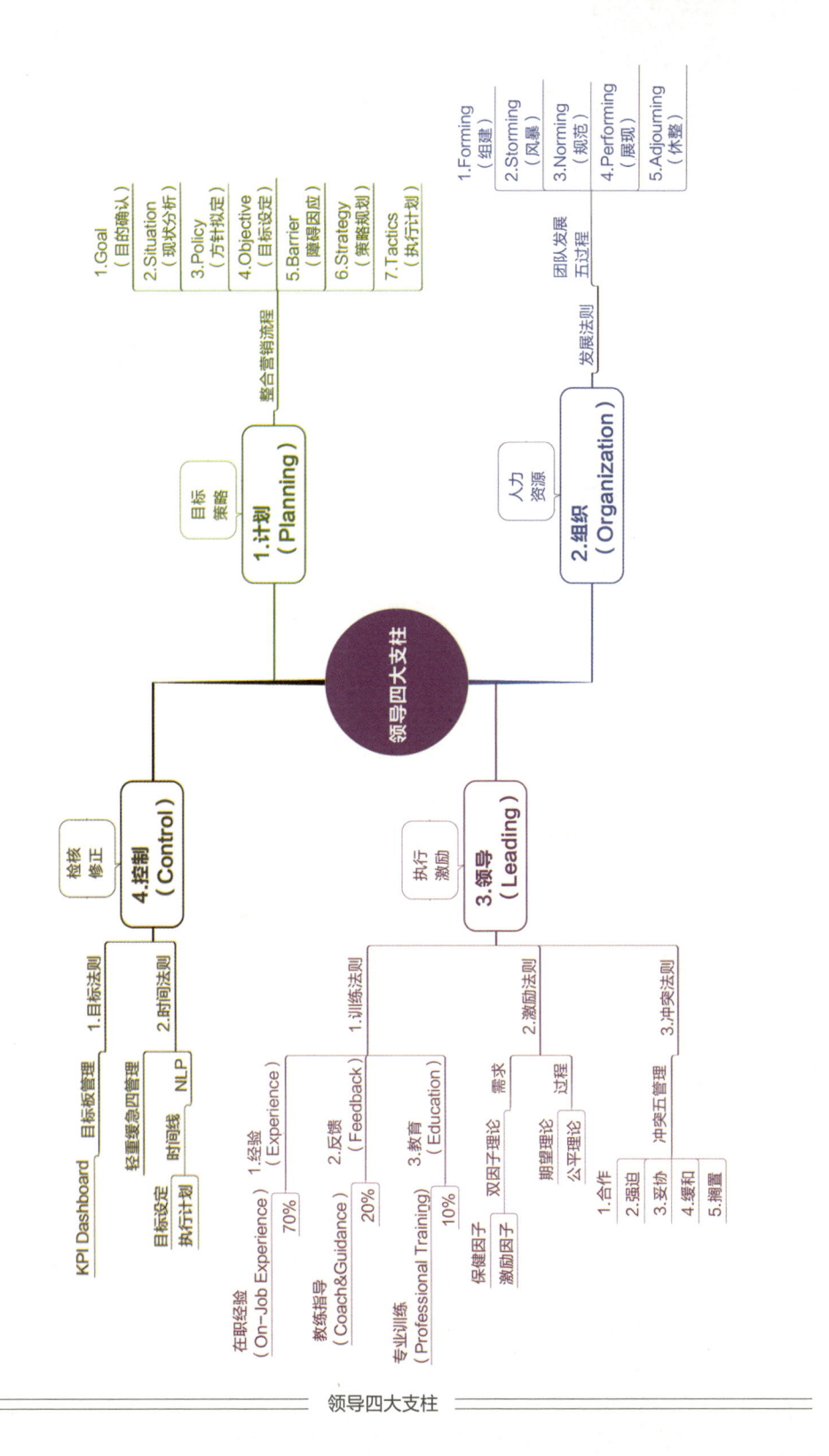

1. 计划 (Planning)
目标策略 / 整合营销流程
- 1. Goal (目的确认)
- 2. Situation (现状分析)
- 3. Policy (方针拟定)
- 4. Objective (目标设定)
- 5. Barrier (障碍因应)
- 6. Strategy (策略规划)
- 7. Tactics (执行计划)

2. 组织 (Organization)
人力资源 / 发展法则 / 团队发展五过程
- 1. Forming (组建)
- 2. Storming (风暴)
- 3. Norming (规范)
- 4. Performing (展现)
- 5. Adjourning (休整)

3. 领导 (Leading)
执行激励

1. 训练法则
- 1. 经验 (Experience) 70% — 在职经验 (On-Job Experience)
- 2. 反馈 (Feedback) 20% — 教练指导 (Coach & Guidance)
- 3. 教育 (Education) 10% — 专业训练 (Professional Training)

2. 激励法则
- 双因子理论 — 保健因子 / 激励因子
- 期望理论
- 公平理论
- 需求
- 过程

3. 冲突法则
冲突五管理
1. 合作
2. 强迫
3. 妥协
4. 缓和
5. 搁置

4. 控制 (Control)
检核修正

1. 目标法则
- KPI Dashboard
- 目标板管理
- 目标设定
- 执行计划

2. 时间法则
- 轻重缓急四管理
- 时间线
- NLP

领导四大支柱

183

| What- 理解 | 计划（Planning）
| --- |
| 领导四大支柱 ① |

　　这里所谈的计划，推荐的是《企划力》中谈到的整合营销流程（IMP），它已完整定义公司未来的营运计划，所以在执行领导四大支柱时，第一件事当然就是把它先连结进来。在此做个简单复习。

一、IMP 整合营销流程

1. 目的确认（Goal）

分析客户、对手及公司，设定公司的企划概念及商业模式。

2. 现况分析（Situation）

分析公司及外在环境的交互关系，找出营运的机会。

3. 方针拟定（Policy）

界定议题及决定公司的政策方针。

4. 目标设定（Objective）

设定公司营运的财务目标，找出市场组合及成长组合。

5. 障碍因应（Barrier）

根据现况与目标的差距，找出障碍问题、原因及对策。

6. 策略规划（Strategy）

战略层面，通过 STP 步骤，让策略更精准有效。

7. 执行计划（Tactics）

战术层面，通过 4P 组合，对市场传递商品价值。

　　整合营销流程（IMP）相关程序，详细可参考前面介绍，此处另有补充。管理阶层一般有分高级、中级及基层，高级主管负责策略规划，中级主管负责战略规划，基层主管负责战术规划，每一个规划层级都有其相对应的企划程序。实际操作时，并不一定要这样的分明，守住总体的完整程序并交出成果，才是应该关注的焦点。

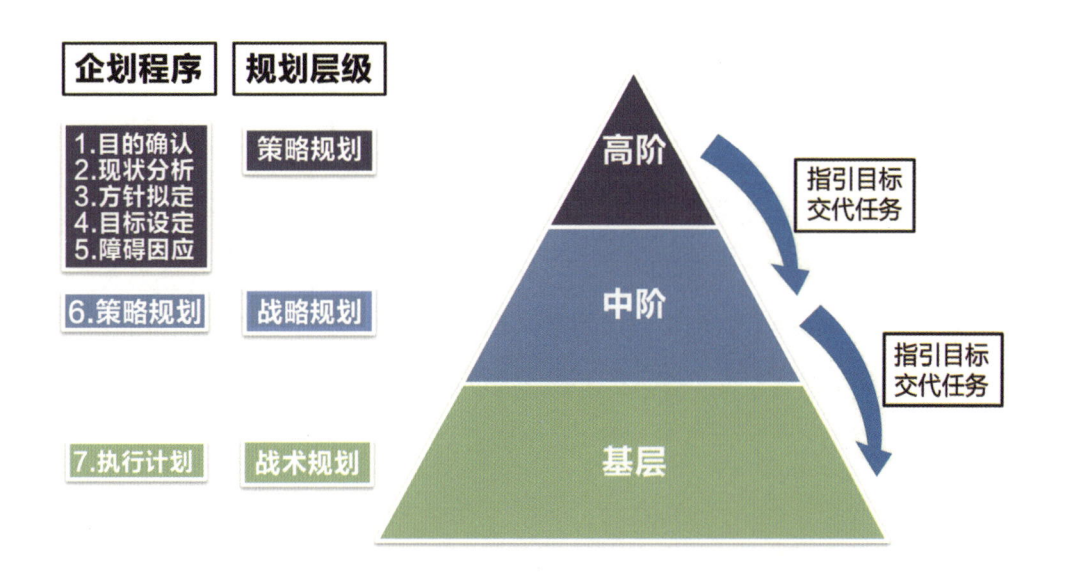

企划程序	规划层级
1.目的确认 2.现状分析 3.方针拟定 4.目标设定 5.障碍因应	策略规划
6.策略规划	战略规划
7.执行计划	战术规划

金字塔：高阶 → 中阶 → 基层（指引目标 交代任务）

高级管理者（策略规划）

策略规划是由组织的高级管理者，根据组织的使命与任务，所展开的一连串客观环境调查、内外部环境分析，以拟定公司核心概念与长期愿景，定出公司营运目标及分析达成目标的可能性障碍。

中级管理者（战略规划）

当高级管理者作完公司长期的策略规划，接下来就是中级主管的战略规划。

战略规划主要是根据策略规划中所拟定的目标、商业模式，展开 STP（市场细分、选择目标、找到定位）的动作。

其实策略本身就是一种选择，基于资源极大化及营运聚焦的考虑，在承接完高级的核心概念及方向后，中级主管必须校准枪支的准星，瞄准标的物，把分配到的资源交办给执行单位。

基层管理者（战术规划）

中级战略规划支持高级策略规划，而基层的战术规划又支持中级的战略规划，这个阶段主要是在执行 4P（Product 产品、Price 价格、Place 渠道、Promotion 促销）的营销组合。

以上，整个公司的管理阶层，必须将策略、战略、战术作一个最有机的结合。既然是有机，就得要特别注意阶层间的紧密结合，所有的策略并非一成不变，当下层在执行时遇到问题，便得再审视上层的策略是否需要跟着市场变化做修正，唯有如此，整个策略才会保持弹性，将成功的可能性提到最高。

What- 理解 组织（Oranization）

领导四大支柱 ②

　　组织指的是一群人为特定目标，搭配资源、程序与架构所组成的团队。在说明如何管理团队发展五过程之前，我们先来搞懂以下几种组织类型：

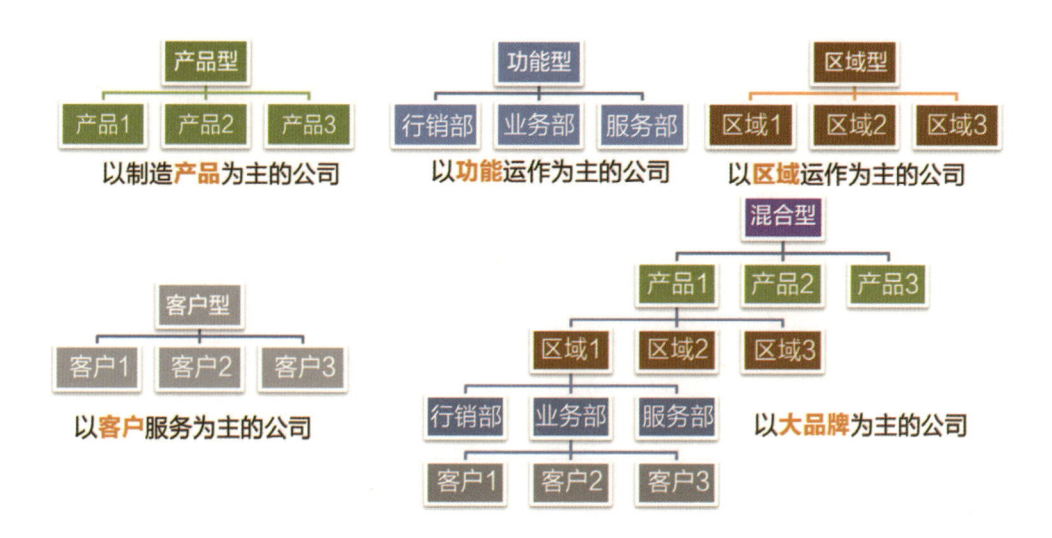

- 产品型：以制造产品为主的公司，此类型大多数拥有自己的品牌。
- 功能型：以功能运作为主的公司，各种功能之间，可因不同机能做出有机的结合。
- 区域型：以区域运作为主的公司，以覆盖率为主要考虑。
- 客户型：以客户服务为主的公司，小型企业以这类型为主。
- 混合型：以大品牌为主的大型企业，在总部先以产品划分，之后以区域来分，例如亚洲、美洲、欧洲；然后再分国家，例如亚洲分为新加坡、马来西亚、泰国、越南、中国、韩国、日本、印度、澳大利亚、新西兰、巴基斯坦等。一旦进入国家，就是开始进入功能分类，在业务部又会分客户属性，营销部可再分产品属性，这就是一个大公司的完整运作组织系统。

组织团队，需要一个优秀的领导，有道是"千军易得，一将难求"，我在职场这么多年，能让我衷心佩服的人屈指可数，不是喜欢玩弄平衡，就是把属下当机器，以交易的心态带领下属，我给你薪水，你给我数字，如此而已。一个公司的好坏，关键在于领导，有好的领导，自然会有好的团队，也自然会有好的营运成果。

由于大学时代在救国团参与社服工作，后来出社会所学的研习及认证，除了职场相关能力之外，其他也大多与人的成长相关，因此在我心中一直期许自己能成为一个心理咨询师，去帮助需要帮助的人。所以在当主管期间，我特别致力于协助部属的个人成长及职能开发，当然也包含团队如何高效运作。

一、发展法则（团队发展五过程）

人的一生，生老病死、苦集灭道，所以在养生方面，我们该知道如何依照四季节气来调理身体；而在处世方面，也要能顺应人性，在对的时间做对的事情。

团队跟人一样，也有它的生命周期，必须关注每个时段该关注的焦点，才会让这个团队健康地长大，极大化对组织的贡献。而美国心理学教授布鲁斯·塔克曼（Bruce Tuckman）所提出的团队发展阶段模型，则可被用来辨识团队构建与发展的关键性因素。

绩效

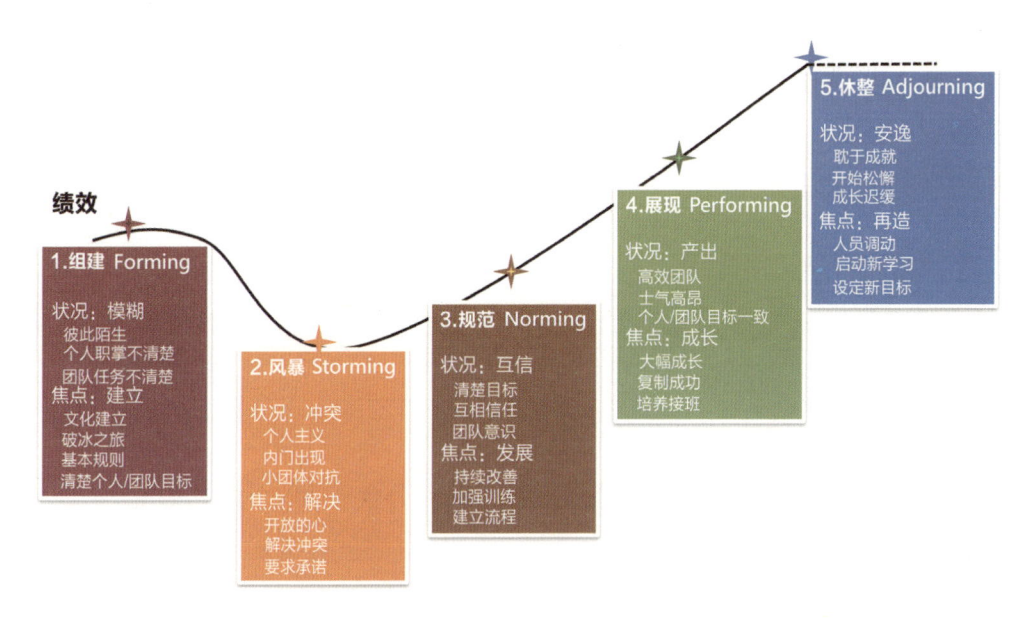

1. 组建 Forming
状况：模糊
　彼此陌生
　个人职掌不清楚
　团队任务不清楚
焦点：建立
　文化建立
　破冰之旅
　基本规则
　清楚个人/团队目标

2. 风暴 Storming
状况：冲突
　个人主义
　内门出现
　小团体对抗
焦点：解决
　开放的心
　解决冲突
　要求承诺

3. 规范 Norming
状况：互信
　清楚目标
　互相信任
　团队意识
焦点：发展
　持续改善
　加强训练
　建立流程

4. 展现 Performing
状况：产出
　高效团队
　士气高昂
　个人/团队目标一致
焦点：成长
　大幅成长
　复制成功
　培养接班

5. 休整 Adjourning
状况：安逸
　耽于成就
　开始松懈
　成长迟缓
焦点：再造
　人员调动
　启动新学习
　设定新目标

团队的五个发展阶段如图示，并说明如下：

1. 组建阶段（Forming）

团队成员刚开始一起工作，对自己职掌和其他成员角色都不是很了解，会有很多疑问，并通过摸索确定何种行为能够被接受。

【状况】模糊

● 团队的人对彼此的感觉很陌生

● 每个人对个人的职责不清楚

● 每个人对团队任务不清楚

【关注焦点】建立

① 文化建立（Establish）

譬如先定义我们的团队叫作 Happy Winning Team，主要任务是快乐、学习与成长。

② 破冰之旅（Teambuilding）

一起去拜拜，一起去骑脚踏车，一起唱 KTV，以及分派一些简单有趣的团队任务，促进和谐。

③ 基本规则（Ground Rule）

运用主管的威势，告诉团队什么是本部门的基本规则，那也是我管理的底线，说好不得越线。

④ 清楚个人／团队目标

很清楚地告诉团队成员，每个人的职责、要达成的共同目标及任务，还有将来要如何考核他们的表现。

2. 风暴阶段（Storming）

一旦清楚自己的职责，在有限资源下，彼此分食互争的个人主义就会出现，这是自然不过的道理。

【状况】冲突

- 个人主义。只有个人，没有团队
- 内斗出现，互看对方不顺眼
- 小团体开始出现，彼此对抗

【关注焦点】解决

① 开放的心

团队冲突再正常不过了，主管必须用很开放的心去接纳看似残破不堪的团队。

② 解决冲突

亲自去了解冲突的原因，倾听员工的说法，真诚地提出解决方案。

③ 要求承诺

营造一起面对目标的使命感，邀部门员工一起对共同目标做出承诺。

3. 规范阶段（Norming）

既然彼此敌意已被消除，当然人就会因相互取暖而彼此信任，此时的团队会慢慢稳定下来。

【状况】互信

● 清楚目标：每个人都会因经历前面两个阶段而知道个人目标及团队目标。

● 互相信任：经过了解决冲突，整个团队的人开始放下心防，敞开心胸，彼此信任。

● 团队意识：既然彼此信任，团队意识就会自然而然地形成。

【关注焦点】发展

① 持续改善

要记得永远都有改善空间，这时可针对一些主要议题做深入的探讨及持续改善。

② 加强训练

这个阶段，也正是开始练兵的好时机。我个人因为有取得一些认证，这时候我会把我的职场经验，以及一些相关认证的技能，开始分享给同事们（那时所学所教的东西也都写在这本书上了）；另外，建议可编列战斗小组，成员最好老、中、青三代都有，挑出资深的人当小组长，带领较为资浅的员工。主管必须学会授权，而授权会让小组长觉得被尊重，一方面对他们也是一种训练。

③ 建立流程

开始建立一些相关运作流程，如销售流程、企划流程、服务流程……建立流程的好处是让团队跟随着 SOP 运作，长期聚焦而稳定强大。

4. 展现阶段（Performing）

此时彼此信任，再加上人人因训练而能力大增，正式进入欢乐收割时节。

【状况】产出

● 高效团队：团队人人因训练而有能力，彼此相互合作，高绩效自然产生。

● 士气高昂：有能力、互信、高效的团队，士气又怎能不高昂呢？而士气一且高昂，就会制造更高的绩效，良性循环，生生不息。

●个人和团队目标一致：人人心中有团队，除了个人目标之外，又有团队的共同目标。

【关注焦点】成长

① 大幅成长

不管是核心事业改善或创新事业，此时正是收割时期，主管必须勇于大幅的收割。一个很有向心力与能力的团队，总会做出一些让人很惊喜的大跃进。

② 复制成功

这时的团队会开始有些成功案例，一有了成功案例，便得庆祝与记录，以增加前进的动能。团队很辛苦，做主管的必须时时感谢他们，鼓励他们，重点是要真心。而这些成功案例一定要能被复制，也可说是一种成功方程式，有利于持续改善及团队迅速复制。

③ 培养接班

开始拔擢接班人，成就下属，等于是成就自己，水涨船也高。

5. 休整阶段（Adjourning）

这大概是五个阶段中最令人感伤的一个阶段。就我的经验，团队过于缅怀过去成就，就会减弱下一波的成就能量。犹如易经干卦，经过飞龙在天之后，出现亢龙有悔，组织会因为享受成功而进入缓慢闲散的状态。

【状况】安逸

●耽于成就：经过很丰硕的收割，缅怀成就会自然发生。

●开始松懈：耽于成就之后，自然就会开始松懈，不再像前几期那么如履薄冰的苦心经营。

●成长迟缓：一连串的成长，缅怀成就，加上紧绷后的松懈，成长自然要变迟缓，甚至呈现负成长。

【关注焦点】再造

① **人员调动**

让人员做调动（Rotate），一来是再建立戒慎之心，二来是给予新的学习，训练属下多元的能力。

② **启动新学习**

网络时代，新的课题日新月异，不可留恋在旧的能力当中。我本来只是个大型企业项目经理，后来转职产品经理，再升任为副总经理，之后变成资深副总经理。每一个转变都带来很多新的课题与新的学习，一开始我总认为自己撑不下去，之后却都游刃有余，乐在其中，也因为这些多元历练，让我更客观地经历这整个既宽又深的生意结构。

③ **设定新目标**

一成不变的核心改善事业，只图几个百分点的成长，日久让人觉得乏味，找寻新白地市场，启动新的商业模式，才会让人一日千里地蜕变成长。

我曾经Report给过很多不同类型的主管，有的温和，有的霸道，有的自私，有的宽容。而终究会留下感恩怀念的，就是那些曾经很用心对待，真心希望我变得更好的主管。

属下的感知并不如我们想象中的弱，相反的，主管的一点一滴都会受到属下的关注。

所以当我升任主管时，我常常告诉自己要善待别人，传播爱的种子，用心去提升他们的职场竞争力。以后当他们升任主管时，也希望他们能这样去善待他们的下属，如此一来，职场自然会呈现良性循环、生生不息。

谁说职场非得要尔虞我诈的玩弄政治手段呢？

| What- 理解 | 领导（Leading） |

领导四大支柱 ③

有道是"将帅无能，累死三军；千军易得，一将难求"，一个公司的成败，领导者的素质应该是排序最高的关键因素。员工的离职，最大原因也是他们对主管的观感。领导者很容易让人联想到权力，但领导者更需要背负起责任，他必须有打动人心的激励，解决冲突的智能，以及完成任务的能力。

以下就领导人的角色、技能、权力先做个简单定义：

1. 领导人角色

① **人际角色**

负责属下所有相关的管理活动、跨部门协调任务，以及组织对外的人际网络。

② **信息角色**

搜集内外相关信息，经过消化过滤后，将组织政策、计划、相关做法传达给内部同仁及对外发布。

③ **决策角色**

寻找新商机及确认组织经营方向，负责资源分配及指派任务给属下，危机处理与判断决策，代表公司对外协商谈判，为公司争取最大利益。

2. 领导人技能

一个领导者要兼具人际、信息、决策三大角色，工作可谓错综复杂。所以合格的主管必须具备三大能力——技术性能力、人际性能力及概念性能力，又因为阶层高低而有些侧重不同。基层主管着重技术性能力，负责第一线的执行计划；

中级主管重在人际性能力，负责协调上下并管理基层执行；高级主管主要着重概念性能力，负责公司政策的概念及确认商机。

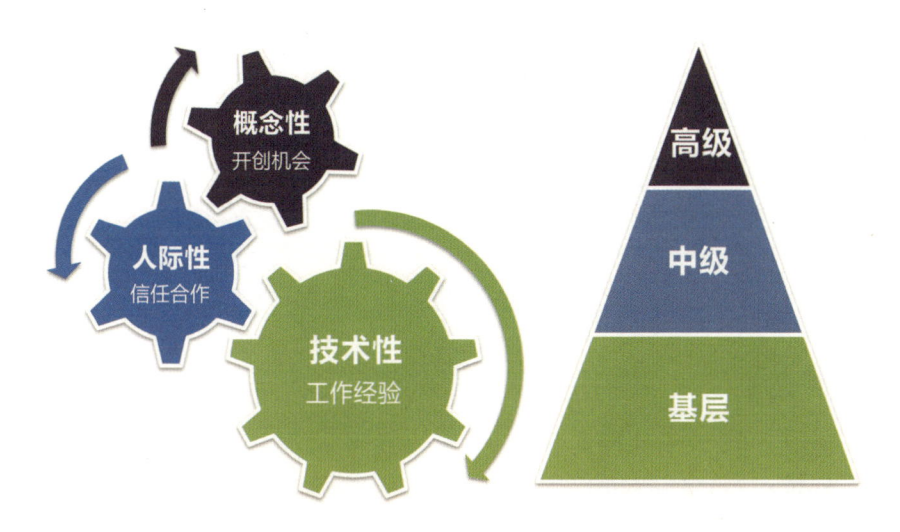

① **技术性能力**

指的是完成某项特殊工作，所需要具备的专属技能，比较是属于作业及执行的经验管理，这种能力能确保产出的质量稳定。在制造单位，指的是作业单位课长；若在经营单位，指的就是营销部或销售部的第一线主管。

② **人际性能力**

指的是协调上下、承接高层指派任务的能力。这个技能比较属于人际的协调管理，确保上下指令通达，左右协调平顺，保障公司跨部门运作一致，并运作高层交办的任务。

③ **概念性能力**

是最难养成的技能。一般概念性的洞见必须要具备策略性及创意性，垂直及水平思考能力兼具的素养，且要具备技术性及人际性的基本技能，以及丰富的工作经验，因此必须养成一定的阅读及独立思考的习惯。

3. 领导人权力

一个领导者被赋予任务，当然也必须给予权力，有了权力，主管便可以指挥团队，一起朝共同目标迈进。这在古代就是将军手中的"虎符"。领导者的权力分为正式与非正式两大部分，共有五种权力，组织正式赋予的有法定权、奖赏权、强制权，非正式的有专家权与参照权。简单解释如下：

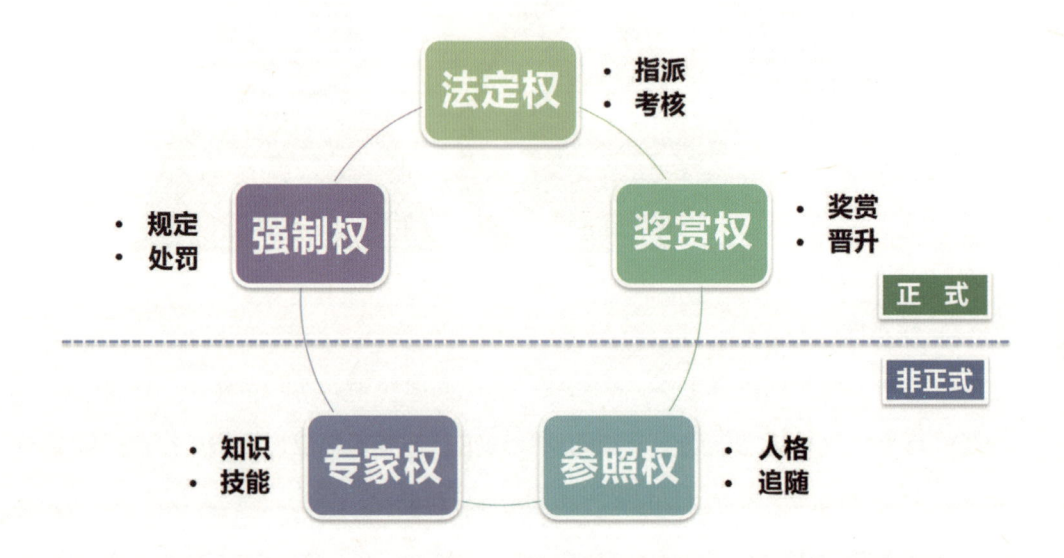

```
                    ┌─────┐
                    │法定权│ · 指派
                    └─────┘ · 考核
          ┌─────┐            ┌─────┐
· 规定    │强制权│            │奖赏权│ · 奖赏
· 处罚    └─────┘            └─────┘ · 晋升
                                        正 式
─────────────────────────────────────────────
                                       非正式
          ┌─────┐            ┌─────┐
· 知识    │专家权│            │参照权│ · 人格
· 技能    └─────┘            └─────┘ · 追随
```

① 法定权（指派，考核）

指的是对属下的指挥权力。基本上，属下必须无条件配合主管的要求，但需要留意的是，不能一味地单向滥用法定权，必须在一个合理的角度，最好是能让属下了解要求背后所蕴含的价值。

② 奖赏权（奖赏，晋升）

顾名思义，讲的就是领导者对属下的奖赏权力。主管可对表现绩优的员工给予应得的奖励，譬如升职、调薪、奖金、报酬或是口头奖励。

③ **强制权（规定，处罚）**

相对于奖赏权，强制权就是领导者对属下的处罚权力。主管可对表现不佳的员工给予适当的处罚，让大家引以为戒，下次不再重犯，譬如降职、减薪或是口头斥责。

④ **专家权（知识，技能）**

虽属于非正式的权力，但却是一个很重要的能力。简单来说，只有比属下行，才容易指挥属下。当然主管很难事事都比属下强，尤其是轮调到一个陌生领域当主管，但总是必须具备基本的职场能力才行。

⑤ **参照权（人格，追随）**

指主管的个人魅力，它是一种让人是否愿意追随的人格特质。有高度参照权的人，一定是个具备高度学识或素养的人，或甚至跨领域的专家，譬如说他可能是一个身心灵咨询师，能够辅导属下对人生的价值认知，或是一个在某方面具有高度专业技能的人。

以上，就领导人的角色、技能、权力先做完解释，接下来是有关于领导三大法则：**训练法则、激励法则、冲突法则**。

训练法则	激励法则	冲突法则
• 721理论 　• 经验70% 　• 反馈20% 　• 教育10%	• 需求观点 • 双因子理论 　• 保健因子 　• 激励因子 • 过程观点 　• 期望理论 　• 公平理论	• 冲突五管理 　• 合作 　• 强迫 　• 妥协 　• 缓和 　• 搁置

一、训练法则：721 理论

训练是我在外商工作期间最注重的项目了。要长期交出好的绩效，要在职涯成长、如心所愿，制胜的关键就在职场能力。

但是这些职场能力并不是傻傻工作就能取得，而是需要透过工作中的深度体会，加上主管或资深人员对你的指导，以及接受合格的专业训练才行。

一般我们称之为 721 训练法则：

●**经验**：70%，在职经验（On-job Experience），尽量让员工多历练不同的职责。

●**反馈**：20%，教练指导（Coach & Guidance），随时给予员工适切的关心与指导。

●**教育**：10%，专业训练（Professional Training），定期安排员工需要的专业课程训练，以帮助员工内化专业知识，并发挥于工作，产生绩效。

主管们可先帮员工作一个职场五力雷达图的职能健诊调查，然后根据目前的健康报告（1～10分），参考他的职掌（营销、业务或是服务等），再做重点式的强化。譬如 Joe 是个营销人员，他就必须要接受营销课程的训练，若没有达到8分以上，就必须再重新加强。在我过去担任主管期间，我都非常希望能给予员工我的所有分享与学习。

员工		职场五力雷达图					职场五力训练课程				
部署	职掌	思考力	企划力	销售力	沟通力	领导力	思维导图法	行销IMP	销售WSP	沟通3S法则	领导4大支柱
Joe	行销	7	7	8	7	6	V	V		V	V
Joy	业务	6	6	7	6	5	V		V	V	V
Richard	业务	7	8	6	5	5	V		V	V	
Tim	业务	8	8	7	8	7	V		V	V	
Eric	服务	6	6	6	7	6				V	

职能训练分析图

二、激励法则：需求观点 & 过程观点

激励法则是根据人类心理层面来探讨人类的行为科学。心理学家一致认为，激励是强化正面行为，进而达成目标的一个有效手段。

其可从需求观点及过程观点来区分，在需求观点部分，用的是双因子理论。

●双因子理论：我们以马斯洛的五大需求来当作满足的层次，**保障员工的生理及安全层次是保健因子；激发员工有好的人际关系，给予升迁、奖赏，协助找到成就感，就是激励因子。**

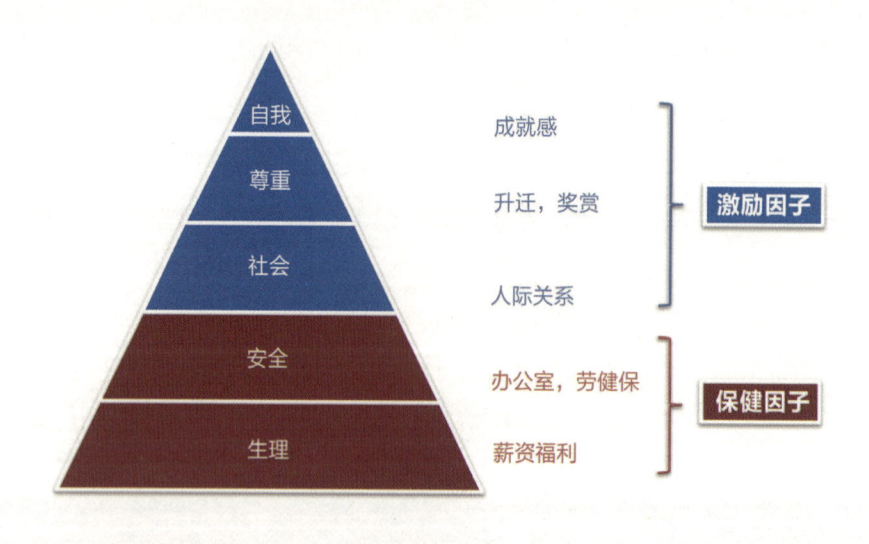

```
         自我            成就感      ┐
       尊重              升迁，奖赏  ├ 激励因子
     社会                人际关系    ┘
   安全                  办公室，劳健保 ┐
 生理                    薪资福利       ├ 保健因子
```

―― 双因子理论 ――

另一种方式，从过程观点来看，使用期望理论和公平理论。

●**期望理论**：是从工作动机出发，就是员工一定会抱持着期望来付出工作动机。譬如，他们相信高努力一定会换得高绩效，高绩效一定会换得高报酬，高报酬一定会换得高价值。因此，为人主管要致力于设定有效的、能满足期望的奖励办法。所以**期望理论的内涵是付出＝回报，关注焦点就是需要设定奖励办法**。

●**公平理论**：是从心理过程出发，就是让员工感受到回报是公平的。不管回报再怎么满足期望，一旦他发现别人所得到的回报比自己多而不公平，员工一样会受到影响，不患多寡患不公。因此，主管除了要设定满足期望的奖励办法之外，也得要公正地依照奖励办法来执行，千万不要认为员工不知道你做了什么，在职场没有不透风的墙，只有诚实公平才能面对一切。所以**公平理论的内涵是一视同仁，关注焦点就是需要依照奖励办法**。

三、冲突法则：冲突五管理

同仁意见不同，产生冲突，在职场上司空见惯。有些是建设性冲突，大家只是立场或角度不同，各抒己见而已，主管应鼓励大家对事不对人，促成对组织有益的冲突结果；有些是破坏性冲突，一般出于恶意的企图，这类冲突则必须给出严正的警告或及时遏止。

1.合作	2.强迫	3.妥协	4.缓和	5.搁置
• 双赢 • 面对 • 解决	• 一赢一输 • 命令	• 双输 • 调解 • 有方案 • 各退一步	• 双输 • 接纳 • 有共识 • 没方案	• 没输没赢 • 回避

一般处理冲突的方法有五种，分别是合作、强迫、妥协、缓和和搁置。至于使用何种管理方式，必须依据问题本身、员工性格、紧急程度，做出最佳的判断。冲突管理是个不太容易处理的课题，处理得不好，会招致员工不满，导致组织的产能降低；相反的，处理得好则会给组织带来很正面的合作力量。

以下举例帮助大家理解冲突管理的方式差别：

阿善师及阿激师对鱼的做法各持己见，阿善师想清蒸，阿激师想红烧，该如何作冲突管理？图 A5-1

方法	管理方式
1.合作	这样，我们来合作活鱼三吃！
2.强迫	出菜来不及了，我说了算！
3.妥协	你们各退让一步，一半红烧，一半清蒸，好么？
4.缓和	我知道你们都是为了客户好，今天如果客户满意，我给你们一人5,000元奖金！
5.搁置	先休息一下，鱼还是要准时上的，再讨论。

What- 理解

领导四大支柱 ④

控制（Control）

如前面所述，计划产出目标与策略，组织配置好人力与资源，领导须做出激励与执行，而控制就要做到检核与修正。所谓检核，就是要比较目标与执行的差异，而修正就是找出差异的原因，并做出因应的对策，逐步修正，直到达成目标为止。

关于控制，有两大法则，就是目标法则和时间法则。

目标法则	时间法则
• 目标板管理 (KPI Dashboard)	• 轻重缓急四管理 • NLP时间线 • 目标设定 • 执行计划

一、目标法则：目标板管理

控制的第一要件，就是检核比对计划、目标及执行进度或结果的差异。在外企工作多年，我最常使用的就是目标板（KPI Dashboard），KPI 就是关键绩效指标（Key Performance Indicator），Dashboard 就是仪表板，简单地说，目标板就是一个随时可拿来检视目标达成进度的表格。

目标板范例如下：

员工	衡量三指标		控制五步骤				
			1.目标	2.绩效	3.差距	4.原因	5.对策
Joe	1.财务 (Financial)	营业额	100万	105万	5万		
		毛利	20万	18万	−2万	价格竞争激烈	放大差异化，避免过度价格竞争
	2.品质 (Process)	库存	6周	5周	达成		
		市占率	45%	50%	达成		
	3.专案 (Project)	云端列印	500台	400台	−100台	云端应用短缺	开发云端列印平台（投资每季50万）
		服务调查	第一名	第一名	达成		

衡量三指标：1.财务 2.品质 3.专案
控制五步骤：1.目标 2.绩效 3.差距 4.原因 5.对策

● **第一栏为员工**：在此可写上员工的姓名。

● **第二栏为衡量三指标**：一般分为财务、质量、项目。财务是指业绩数字的目标；质量是指库存、市占率或促销报酬等操作指标；项目是指主管对员工另外指派的特殊任务，亦可说是一种Assignment（指派），它也是一种栽培（Development）员工的方式。

● **第三栏为控制五步骤**：放上目标，填上绩效，比对差距，找出原因，提供对策。找出原因及提供对策是针对进度落后或没达成目标才需要填的项目。

二、时间法则

1. 轻重缓急四管理

大家或许对时间管理已经有一定程度的了解，在此我只做架构性的重点提醒。我们可以用紧急程度跟重要程度将时间分为四大象限，进行轻重缓急四管理。我特别放上排序，是想要表达应该多花些时间做未来的事情（重要而不紧急），才能一直走在别人前面。一样的时间，只是分配方式不一样，结果就大不同。当你今天把明天的事做完，到了明天，除了事情早已在昨天完成之外，今天就是再检查有没有哪些地方要补强，多出时间便可再拿来做后天的事，这样的良性循环及推演，要不成功也很难。

职场历练多年，放眼望去，大多数人都把时间放在紧急的事，不管它重不重要，反正就是急……也难怪成功的人不多。所以说，人分三等人：上等人，明日事，今日毕；中等人，今日事，今日毕；下等人，昨日事，今日毕。

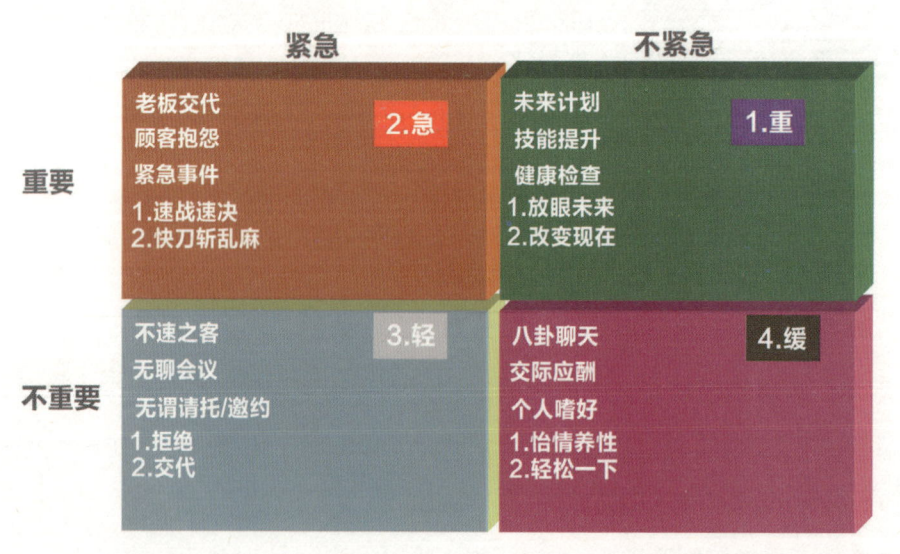

	紧急	不紧急
重要	老板交代 顾客抱怨 紧急事件 1.速战速决 2.快刀斩乱麻　2.急	未来计划 技能提升 健康检查 1.放眼未来 2.改变现在　1.重
不重要	不速之客 无聊会议 无谓请托/邀约 1.拒绝 2.交代　3.轻	八卦聊天 交际应酬 个人嗜好 1.怡情养性 2.轻松一下　4.缓

2.NLP 时间线

在 NLP 神经语言程序学里，有一种时间线的技巧，大意是说我们可以通过想象让自己在时间线上自由移动。我们可以回到过去，找到一段充满活力自信的自己，重温放大那个感觉，然后把那股正面力量带回现在。当然也可以回到未来，找到一段想要的美好未来，倒推今天的自己该如何好好努力实现。

不管是时间管理或是时间线技巧，都是属于一种控制，所以我把它归在控制这个章节。NLP 时间线在职场的应用有两大技巧，一个是目标设定，一个是执行计划。

①目标设定

不知道各位是否看过《回到未来》这部电影？片中男主角不小心搭乘时光机回到30年前，巧遇他的母亲与父亲，在阴差阳错下，把30年前懦弱的父亲变得很勇敢，再回到现代，他的父亲已经完全变了一个人，变得既自信又有钱。而如果没有时光机，又该如何来改变父亲呢？

答案是30年前的父亲应该要自己知道，如果再不改变懦弱的自己，那么30年后一定还是很无能，所以应该把自己站在30年后，想象出一个30年后满意的自己，然后倒推回今天，告诉今天的自己应该要做什么，才能达到30年后满意的自己。

如下图，有三个口诀：1.回到未来，2.设定目标，3.改变现在。如果今天的状况是X，自己也不想改变，那未来就是X1了；而如果你想要未来是Y1，那你一定要把自己从X先改变到Y，这样Y1才有机会达到。职场也一样，要先大胆勇敢地去想象未来的目标（假设想要年薪达到200万元Y1），然后告诉现在的自己（年薪60万元X），要好好努力做好准备（理想状态Y），这样将来才能顺利达到Y1。

未来的你（由**今天**不变的你而生）
今天的你（由**过去**已发生的你而来）

X → X1

❶ 回到未来

Y → Y1

今天的你（因未来**想要**的你，而改变现在的你）
❸ 改变现在

未来的你（**想要**的你）
❷ 设定目标

②执行计划

接续上一个目标设定。当回到未来，设定了目标，也有意愿改变现在，然后呢？有了意愿还不够，还要有一连串的执行计划。

在职场上，NLP 时间线执行计划的口诀是：倒果为因，以终为始。也就是先把未来想要达到的目标设好，然后一段段倒着铺陈，执行计划，推估出每一个里程碑该做的事。

如以下例子，我们希望在 6 月要达成新产品销售目标，那么从今天（1 月到 6 月之间）便可倒着设立出每个阶段的执行计划（Action items），如果在 2 月没做到招募渠道，我们就可大胆断定 6 月的业绩恐难达成。换句话说，若要如期在 6 月达成，那么 1 到 5 月的子目标务必是使命必达。

新产品发表	←	招募渠道	←	业绩设定	←	销售训练	←	奖励活动	←	达成目标
1月	←	2月	←	3月	←	4月	←	5月	←	6月

How- 体验 领导实务范例
A 公司领导计划

首先，我把领导四大支柱的思维导图版型拿出来，填上自己的计划（红色部分），然后照这个计划执行。因为方法得当，我还当选过前公司亚洲最佳经理人（Great Manager）。

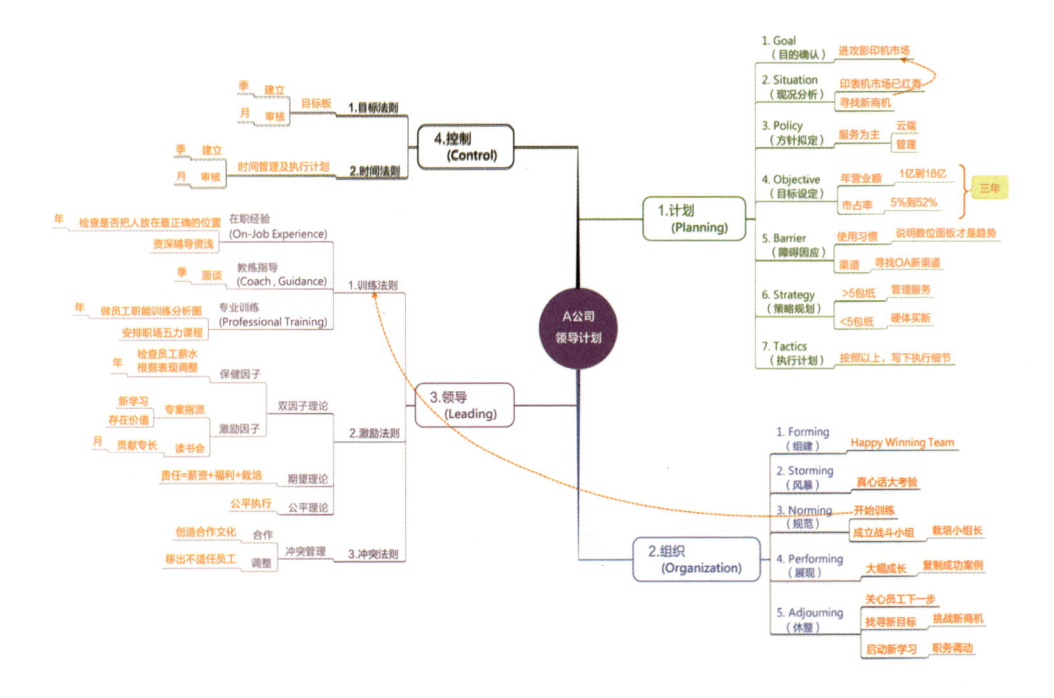

一、计划

领导力的计划会链接至整合营销流程（IMP），在此处先标注重点，细节可回到企划案。

1. 目的确认（Goal）

进攻复印机市场。

2. 现况分析（Situation）

现有打印机市场已红海，须寻找复印机市场或其他白地市场作为新商机。

3. 方针拟定（Policy）

打印机硬件已无差异，须以云端服务、管理服务概念为基本方针。

4. 目标设定（Objective）

三年内，数字复合机年营业额从目前1亿成长到目标18亿，市占率从目前5%成长到目标52%。

5. 障碍因应（Barrier）

扭转客户对数字式接口的负面看法，并寻找OA新渠道。

6. 策略规划（Strategy）

采取双向策略，Box（硬件卖断，一个月小于5包纸）及Service（管理服务，一个月大于5包纸）。

7. 执行计划（Tactics）

按照以上，一一写下执行细节。

二、组织

1. 组建阶段（Forming）

定义团队为Happy Winning Team，期待大家快乐、学习、成长。

2. 风暴阶段（Storming）

大家彼此不信任，我就会来一个真心话大考验，请大家把心中真正的想法说出来，这样有助于了解彼此，迅速融合团队。

3. 规范阶段（Norming）

规划一连串训练课程，并成立战斗小组（例如产品组、企业组、渠道组），每一组选出一个较资深或较有能力的人当小组长。这个阶段以培养团队战力为主。

4. 展现阶段（Performing）

不停复制成功案例，每一个项目成功，就探讨其成功之处，并迅速复制给其他客户或其他产品线。

5. 休整阶段（Adjourning）

在此时开始讨论员工的职场计划（Career plan），找寻下一个新目标，挑战新商机，启动新学习，开始做职务调动。

三、领导

1. 训练法则

●在职经验：检查是否把人放在最正确的位置，放错就得调整（每年一次）。人放好位置后，要安排资深员工去辅导资浅的员工。

●教练指导：安排每个员工的面谈（每季一次），看看他们的成长状况，听听他们的意见，再做出响应。

●专业训练：先作员工职能训练分析图（每年一次），再安排相关职场五力的课程。

2. 激励法则

●双因子理论——保健因子：检查每个员工的薪水（每年一次），视其表现状况，做出优化调整。

●双因子理论——激励因子：给每个员工一个项目指派，让他有感受被尊敬、新学习及存在价值。另一方面，举办读书会（每月一次），轮流贡献所长。

●期望理论：尽量做到每个人的责任，就等于他们得到的回报（薪资＋福利＋栽培），这方面我会很严格把关，即使是自己能力所不能及，也要秉持同理心跟员工讲清楚。

●公平理论：对待所有的员工，必须很公平。若有员工觉得受到不公平对待，必须耐心与之对谈。

3. 冲突法则

●冲突管理：尽管有五大方法，还是鼓励员工多以合作为主，为大我而努力。

若有与本部门成员无法相处的员工，必须协助转调其他部门或解雇。

四、控制

1. 目标法则

●目标板管理：建立目标板（每季一次），并与员工彻底沟通，因为这将是他以后绩效评估的根据，之后保持审核（每月一次）。

2. 时间法则

●时间管理计划：搭配目标板，建立时间管理及执行计划（每季一次），之后保持审核（每月一次），这也算是对员工自我管理的一种训练。

图书在版编目（CIP）数据

思维导图：提升你的职场核心竞争力 / 陈国钦著，顾问孙易新 . -- 北京：北京时代华文书局，2017.1

ISBN 978-7-5699-1338-5

Ⅰ . ①思… Ⅱ . ①陈… ②孙… Ⅲ . ①成功心理－通俗读物 Ⅳ . ① B848.4-49

中国版本图书馆 CIP 数据核字 (2016) 第 312683 号

《职场五力成功方程式》
作者 / 陈国钦；顾问 / 孙易新
中文简体版 ©2017 年由北京时代华文书局有限公司出版、发行
本书经城邦文化事业股份有限公司商周出版授权，同意经由北京时代华文书局有限公司，出版、发行中文简体字版本。非经书面同意，不得以任何形式任意重制、转载。

北京市版权著作权合同登记号 字：01-2016-3588

本书简体字版授予北京时代华文书局有限公司在中华人民共和国出版发行。

思维导图：提升你的职场核心竞争力

SIWEIDAOTU:TISHENG NI DE ZHICHANG HEXIN JINGZHENGLI

作　　者	陈国钦
顾　　问	孙易新
出 版 人	王训海
选题策划	胡俊生
责任编辑	樊艳清
装帧设计	孙丽莉　迟　稳
责任印制	刘　银
出版发行	北京时代华文书局 http://www.bjsdsj.com.cn
	北京市东城区安定门外大街 136 号皇城国际大厦 A 座 8 楼
	邮编：100011　电话：010 - 64267955　64267677
印　　刷	固安县京平诚乾印刷有限公司　0316-6170166
	（如发现印装质量问题，请与印刷厂联系调换）
开　　本	710×1000mm　1/16　印　张	14　字　数	188 千字
版　　次	2017 年 4 月第 1 版　印　次	2018 年 7 月第 7 次印刷
书　　号	ISBN 978-7-5699-1338-5
定　　价	45.00 元

版权所有，侵权必究